넛지 삼국지

Nudge 三國志

글 | 이학박사 **강병국**

Jinhan M&B

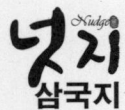

초판 인쇄 2018년 2월 2일
초판 발행 2018년 2월 5일

　　글　강병국
발 행 인　김갑용

발 행 처　진한엠앤비
주소　서울시 서대문구 독립문로 14길 66 205호(냉천동 260)
전화　(02) 364-8491(대) / **팩스**　(02) 319-3537
홈페이지주소　http://www.jinhanbook.co.kr
등록번호　제25100-2016-000019호(등록일자 : 1993년 05월 25일)
ⓒ2018 jinhan M&B INC, Printed in Korea

ISBN 979-11-290-0323-2

[정가 8,000원]

※이 책에 담긴 내용의 무단 전재 및 복제 행위를 금합니다.
※잘못 만들어진 책자는 구입처에서 교환해 드립니다.

□ 들어가는 글

핵심에 접근한 초간편 삼국지

남자 소변기에 파리를 그려넣어 소변이 밖으로 튀지 않도록 유도하거나 휴지통 주변에 농구대 그림을 그려 넣어 휴지통 주변을 깨끗하게 하고, 계단에 피아노 건반을 그려넣어 에스컬레이터 이용을 줄이도록 유도하는 등의 넛지이론은 이제 우리 사회에 광범위하게 확산되고 있다. 한 카페 화장실 소변기에 "저를 소중히 대해 주시면 오늘 제가 본 것을 비밀로 해 드릴게요."라는 문구는 타인의 선택을 유도하는 부드러운 개입의 대표적인 사례이다.

'넛지 삼국지'는 넛지의 본래 뜻인 팔꿈치로 옆구리를 툭 치는 듯한 부드러운 권유로 바른 선택을 돕는다. 바쁜 현대인들이 막대한 시간을 들여 열권의 삼국지를 읽도록 결심하게 하는 것은 결코 쉽지 않는 일이다. 또 이미 읽은 독자들에게 다시 삼국지를 읽도록 권유하는 것은 더욱 어려운 일인지 모른다.

'넛지 삼국지'는 삼국지를 읽지 않았거나, 읽은 독자들의 옆구리를 쿡 찔러줌으로써 삼국지 독자가 되게 하고, 다시 명장면을 회상하게 하기 위해 만들어졌다. 인물 30편(90명)과 배경 120편은 삼국지에 등장하는 인물과 당시의 배경을 한눈에 들어오도록 했다는 점에서 '초간편 삼국지'라 해도 무리가 없을 듯하다.

유비의 손자 유심은 부친 유선이 위의 등애에게 항복하는 것을 만류하다 듣지 않자 비분강개해 처와 자식의 목을 베어 할아버지인 유비의 무덤에 가지고 가서 대성통곡(大聲痛哭)하고 자결했다. 책은 수급 두 개를 그려 넣어 당시의 상황을 웅변해 준다. 관우와 황충, 허저와 마초의 용쟁호투, 관우가 조조를 놓아주거나 서서가 유비를 떠나는 모습, 유비의 삼고초려(三顧草廬), 천하를 놓고 다투는 적벽대전 등은 두고두고 회자된다.

이 책은 저자가 다섯 권으로 엮은 '삼국지 컬러링 북'을 한권으로 압축한 것이다. 한권으로 슬쩍 삼국지를 읽고 싶어 한다면 '넛지 삼국지'는 안성맞춤이 될 것이다.

이학박사 **강 병 국**

목차

□들어가는 글 • 3

1부 인물편

한헌제, 복황후, 동승 • 11
여포, 초선, 동탁 • 12
유비, 장비, 관우 • 13
제갈량, 장포, 관흥 • 14
마초, 조운, 황충 • 15
마대, 요화, 위연 • 16
미부인, 감부인, 손부인 • 17
유선, 유심, 황호 • 18
주창, 황보, 관평 • 19
정기, 장송, 엄안 • 20
방덕, 마등, 한수 • 21
원소, 문추, 안량 • 22
화타, 관로, 길평 • 23
등애, 종회, 강유 • 24
여몽, 육손, 감택 • 25
황개, 손호, 오국태 • 26
능통, 감녕, 손권 • 27
장간, 주유, 노숙 • 28
공융, 태사자, 도겸 • 29
양수, 예형, 진궁 • 30
방통, 서서, 왕윤 • 31
곽가, 조조, 가후 • 32
허유, 조비, 견씨 • 33
허저, 장료, 서황 • 34
조홍, 조인, 왕쌍 • 35
원술, 공손찬, 유표 • 36
사마소, 마속, 왕랑 • 37
사마의, 학소, 장합 • 38
하후연, 전위, 장수 • 39
법정, 장소, 순욱 • 40

2부 배경편

도원(桃園)에서 세 호걸이 의형제(義兄弟)를 맺다 • 43
독우(督郵)를 매질하는 장익덕(張翼德) • 44
금주(金珠: 황금과 구슬)로 여포(呂布)를 설득하는 이숙(李肅) • 45
동탁 암살이 실패하자 칠보도(七寶刀)를 바치는 조맹덕(曹孟德) • 46
가짜 조서(詔書)를 보내자 제진(諸鎭)이 조조에게 응하다 • 47
옥새(玉璽)를 숨기고 약속을 어기는 손견(孫堅) • 48
반하(磐河)에서 공손찬(公孫瓚)과 싸우는 원소(袁紹) • 49
연환계(連環計)를 쓰는 왕사도(王司徒) • 50
가후(賈詡)의 계책을 듣고 장안(長安)을 침범하는 이각(李傕) • 51
근왕병(勤王兵)을 일으키는 마등(馬騰) • 52
북해(北海)의 공융(孔融)을 구하는 유황숙(劉皇叔) • 53
세 번 서주(徐州)를 양보하는 도공조(陶恭祖) • 54
서로 격렬히 싸우는 이각(李傕) 곽사(郭汜) • 55
어가(御駕)를 허도(許都)로 모시는 조맹덕(曹孟德) • 56
크게 다투는 손백부(孫伯符)와 엄백호(嚴白虎) • 57
원문(轅門)에서 방천화극을 쏘아 맞추는 여봉선(呂奉先) • 58
대거 칠군(七軍)을 일으키는 원공로(袁公路) • 59
가문화(賈文和: 가후)가 적의 동향을 헤아려 승리하다 • 60
하비성(下邳城)에서 조조(曹操)가 크게 싸우다 • 61
대궐(大闕)에서 조서를 받는 동국구(董國舅:동승) • 62
술을 데우며 유비(劉備)와 영웅(英雄)을 논하는 조조(曹操) • 63
마보군(馬步軍) 삼군(三軍)을 일으키는 원소(袁紹)와 조조(曹操) • 64
독(毒)을 풀다가 형을 받는 길태의(吉太醫) • 65
황숙(皇叔)이 패하여 원소(袁紹)에게 달아나다 • 66
토산(土山)에 주둔한 관공이 조조에게 삼사(三事)를 약속받다 • 67
싸움에 지고 장수를 잃은 원본초(袁本初:원소) • 68
단기(單騎)로 1,000리를 달리며 오관을 돌파하는 미염공(美髥公) • 69
채양(蔡陽)의 목을 베어 형제의 의심을 푸는 관우(關羽) • 70
소패왕(小霸王)이 노하여 우길(于吉)을 참수하다 • 71
오소(烏巢)를 습격해 군량(軍糧)을 불태우는 맹덕(孟德) • 72
창정(倉亭)에서 본초(本初)를 격파하는 조조(曹操) • 73
기주(冀州)를 뺏기 위해 싸우는 원담(袁譚)과 원상(袁尙) • 74
혼란을 틈타 견씨(甄氏:원외의 아내)를 차지한 조비(曹丕) • 75
병풍(屛風)뒤에서 유비와 유표의 대화를 엿듣는 채부인(蔡夫人) • 76

신야(新野)에서 영주(英主)를 만나는 서서(徐庶) • 77
떠나면서 제갈량(諸葛亮)을 천거하는 원직(元直) 서서 • 78
삼고초려(三顧草廬)하는 유현덕(劉玄德) • 79
융중(隆中)에서 천하삼분(天下三分)의 계책(計策)을 정하다 • 80
공명에게 계책을 구하는 형주성(荊州城)의 공자(公子) 유기(劉琦) • 81
조조에게 형주(荊州) 헌납을 의논하는 채부인(蔡夫人) • 82
단기로 주군(主君)의 어린 아들을 구하는 조자룡(趙子龍) • 83
장판교(長坂橋)에서 장익덕(張翼德)이 적에게 교란작전을 펼치다 • 84
주화파를 물리치는 노자경(魯子敬:노숙) • 85
주유(周瑜)에게 격장지계(激將之計)를 펼치는 공명 • 86
군영회(群英會)에서 계책에 걸려드는 장간(蔣幹) • 87
뛰어난 계책으로 화살을 얻는 공명(孔明) • 88
조조에게 거짓 투항문서를 바치는 감택(闞澤) • 89
장강(長江)에서 잔치를 열어 시를 짓는 조조 • 90
칠성단(七星壇)을 쌓아 바람을 부르는 제갈량 • 91
화용도(華容道)의 일을 예상하는 제갈량(諸葛亮) • 92
동오군(東吳軍)과 크게 싸우는 조인(曹仁) • 93
노숙(魯肅)에게 지혜롭게 사양(辭讓)하는 제갈량(諸葛亮) • 94
황한승(黃漢升)을 풀어주는 관운장(關雲長) • 95
오국태(吳國太:손권의 어머니)가 절에서 신랑(유비)을 선보다 • 96
두 번이나 주공근(周公瑾:주유)의 감정을 자극하는 공명(孔明) • 97
동작대(銅雀臺)에서 크게 잔치를 여는 조조(曹操) • 98
시상구(柴桑口)에서 주유의 죽음을 조문(弔問)하는 와룡(臥龍) • 99
마맹기(馬孟起:마초)가 군사를 일으켜 원한을 씻다 • 100
알몸으로 마초(馬超)와 싸우는 허저(許褚) • 101
도리어 양수(楊修)를 곤란하게 하는 장영년(張永年) • 102
서신을 보내 노만(老瞞:조조)을 물리치는 손권(孫權) • 103
낙성(雒城) 공격에서 공을 다투는 황충(黃忠)과 위연(魏延) • 104
방통(龐統)의 죽음에 통곡하는 제갈량(諸葛亮) • 105
장임(張任)을 사로잡는 공명(孔明) • 106
스스로 익주(益州)의 새 주인이 되었음을 선포한 유비(劉備) • 107
단도부회(單刀赴會: 칼 한 자루로 연회에 나아감)하는 관운장 • 108
소요진(逍遙津)에서 위엄을 떨치는 장료(張遼) • 109
잔을 던지며 조조를 희롱하는 좌자(左慈) • 110
주역(周易)으로 앞날을 점치는 관로(管輅) • 111
하후덕(夏侯德)으로부터 천탕산(天蕩山)을 빼앗는 노장(老將) 황충 • 112
편하게 피로한 적을 기다리는 황충(黃忠) • 113
야곡(斜谷)으로 퇴각하는 조아만(曹阿瞞:조조) • 114
한중왕(漢中王)에 오르는 현덕(玄德) • 115
자신의 관을 끌고 가며 결사항전을 다짐하는 방영명(龐令名: 방덕) • 116
뼈를 깎고 화살 독 상처를 치료받는 관운장(關雲長) • 117
관운장(關雲長)이 패하여 맥성(麥城)으로 달아나다 • 118
옥천산(玉泉山)에 관공(關公)이 현성(顯聖:혼령이 나타남)하다 • 119
풍질(風疾)을 치료하던 신의(神醫) 화타(華佗)가 죽다 • 120
조비(曹丕)가 핍박하니 아우 조식(曹植)이 시를 짓다 • 121

한중왕(漢中王) 유비가 제위에 올라 대통(大統)을 잇다 • 122
성급하게 형의 원수를 갚으려다 수난을 당한 장비(張飛) • 123
위(魏)에 항복하여 구석(九錫, 아홉 가지 물건)을 받는 손권(孫權) • 124
효정(猇亭)의 싸움에서 선주(先主)가 원수를 잡다 • 125
팔진도(八陣圖)를 펼치는 공명(孔明) • 126
위(魏)의 오로군(五路軍)을 평정하는 제갈량 • 127
진복(秦宓)이 천(天)을 주제로 장온(張溫)을 곤란하게 하다 • 128
남만(南蠻) 정벌을 위해 군사를 일으키는 승상(丞相) • 129
노수(瀘水)를 건너 두 번째 번왕(番王)을 사로잡다 • 130
네 번째 계책을 쓰는 무향후(武鄕侯:공명) • 131
올돌골의 등갑군(藤甲軍)을 불태우고 맹획을 일곱 번째 사로잡다 • 132
노수(瀘水)에 제사지내고 한장(漢將:공명)이 회군하다 • 133
다섯 장수를 베는 조자룡(趙子龍) • 134
공명(孔明)에게 귀순(歸順)하는 강백약(姜伯約:강유) • 135
설원(雪原)에서 강병(羌兵:강족 병사)을 격파하는 제갈량(諸葛亮) • 136
마속(馬謖)이 충고를 듣지 않아 가정(街亭)을 잃다 • 137
공명(孔明)이 읍참마속(泣斬馬謖)하다 • 138
거짓 서신을 보내 위군(魏軍)을 격파하는 강유(姜維) • 139
촉군(蜀軍)을 추격하던 왕쌍(王雙)이 주살되다 • 140
서촉(西蜀)을 침범하는 사마의(司馬懿) • 141
영채를 기습, 조진(曹眞)을 격파하는 촉군(蜀軍) • 142
제갈량(諸葛亮)이 농상(隴上)에 출전, 귀신으로 분장하다 • 143
사마의가 북원(北原)과 위교(渭橋)에서 싸우다 • 144
상방곡(上方谷)에서 사마의(司馬懿)가 곤란을 겪다 • 145
큰 별이 지고, 한승상(漢丞相) 귀천(歸天)하다 • 146
무후(공명)가 미리 금낭계(錦囊計)를 내리다 • 147
꾀병으로 조상(曹爽)을 속이는 사마의(司馬懿) • 148
조씨(曹氏) 정권이 사마씨(司馬氏)에게 돌아가다 • 149
술자리에서 밀계를 시행하는 손준(孫峻) • 150
사마(司馬)씨가 한장(漢將:강유)의 뛰어난 계책에 곤경을 당하다 • 151
단기(單騎)로 웅병(雄兵)을 물리치는 문앙(文鴦) • 152
충의(忠義)로써 사마소(司馬昭)를 치는 제갈탄(諸葛誕) • 153
수춘(壽春)을 구원하려다 우전(于詮)이 절개를 지키며 죽다 • 154
계책으로 손림(孫綝)을 베는 정봉(丁奉) • 155
조모(曹髦)가 수레를 몰고 가다가 남궐(南闕)에서 죽다 • 156
후주(後主)가 모함을 믿고 회군령(回軍令)을 내리다 • 157
무후(武侯)가 정군산(定軍山)에서 현성(顯聖)하다 • 158
면죽(綿竹)에서 전사(戰死)하는 제갈첨(諸葛瞻) • 159
서로 공(功)을 다투는 종회(鍾會)와 등애(鄧艾) • 160
거짓 투항한 강유(姜維)의 교묘한 계책도 무위로 끝나다 • 161
두예(杜預)를 천거하며 새로운 계책을 올리는 양호(羊祜) • 162

□ 맺은 글 • 164

인물편

1

△**한헌제(漢獻帝)** : 후한의 마지막 황제로 이름은 유협(劉協)이다. 동탁이 소제 유변을 폐하고 아홉 살인 그를 황제로 만들었다. 30여 년 동안 동탁, 이각, 곽사, 조조에게 쥐여 고난의 세월을 보내다 조비에 의해 폐위되었다.

△**복황후(伏皇后)** : 한헌제에게 시집 온 이후 온갖 고난을 겪는다. 214년 조조가 위왕(魏王)이 되자 그녀의 아버지 복완에게 비밀리 편지를 보내 조조를 제거하려 했으나 들켜 참혹한 최후를 맞았다.

△**동승(董承)** : 헌제의 장인이다. 헌제가 혈서를 옥대에 감춰서 동승에게 준 일이 탄로나 길평, 왕자복, 오자란, 충집 등과 함께 처형당한다. 동승의 딸은 헌제의 후궁인 동귀비인데 그녀도 처형당했다.

△**동탁(董卓)** : 정사 삼국지를 쓴 진수(陳壽)는 동탁을 '거칠고 포악하며 사악한데다 잔인하다. 역사를 기록한 이래 이와 같은 자는 없었다.'고 평하였다. 십상시의 난 때 권력을 잡아 황제를 폐위하고 권력을 전횡하다 죽었다.

△**여포(呂布)** : 의리의 관우와 대비되는 인물이다. 형주자사 정원을 따랐으나 그를 죽이고 동탁의 수양아들이 되었다. 그러다 왕윤(王允)의 연환계에 걸려 초선을 두고 동탁과 다투다가 동탁을 죽였다. 조조 유비연합군에 붙잡혀 죽었다.

△**초선(貂蟬)** : 왕윤이 친딸처럼 여긴 가기(歌妓). 동탁을 제거하기 위해 왕윤이 연환계를 쓸 때 동탁과 여포 사이를 갈라놓고 여포로 하여금 동탁을 죽이게 하는 역할을 했다. 일종의 미인계로 이용되었다.

△**유비(劉備)**: 관우, 장비와 의형제를 맺었으며, 삼고초려(三顧草廬)로 제갈량을 맞아들였다. 220년 조비(曹丕)가 한나라 헌제의 양위를 받아 위(魏)의 황제가 되자, 그도 성도에서 제위(221~223)에 올라 국호를 한(漢. 蜀漢)이라 했다.

△**관우(關羽)**: 충의(忠義)와 무용(武勇)의 상징으로 여겨져 지금까지 무성(武聖)으로 숭배되고 있다. 주군을 찾아 천리를 달리며 육장(六將)을 베는 모습은 많은 사람에게 깊은 인상을 남겼다. 문무를 겸비한 명장이다.

△**장비(張飛)**: 관우와 더불어 만부부당의 용맹이 있었으며 유비에게 호랑이 같은 신하였다. 또한 국사(國士)의 풍모가 있었던 것으로 전해지고 있다. 장판교 싸움에서 조조의 대군을 물리쳐 크게 위엄을 떨쳤다.

▲**제갈량(諸葛亮)** : 유비(劉備)를 도와 오(吳)의 손권(孫權)과 연합하여 남하하는 조조(曹操)의 대군을 적벽(赤壁)에서 대파하고, 천하삼분지계를 이루었다. 맹획(孟獲)을 칠종칠금하는 등 많은 활약을 했으며 오장원(五丈原)에서 병사했다.

▲**장포(張苞)** : 장비의 아들이다. 관우의 아들 관흥과 함께 제갈량의 북벌전쟁 때 많은 공을 세웠다. 부친을 죽인 원수로 동오(東吳)에서 보낸 범강(范彊), 장달(張達)의 목을 베어 장비의 제사상에 바쳤다.

▲**관흥(關興)** : 관우의 아들이다. 관우 사후 오(吳)의 장수 반장(潘璋)의 손에 들어갔던 청룡언월도(靑龍偃月刀)를 되찾아 사용했다. 제갈량의 총애를 받았으며 아버지들과 마찬가지로 장포와 결의형제를 맺었다.

△**조운(趙雲)** : 담양 장판에서 유비의 아들 아두를 품에 안고 조조의 백만 대군 사이를 필마단창(匹馬單槍) 종횡무진으로 누벼 이름을 떨쳤다. 제갈량이 출사표를 올리고 위(魏)를 칠 때 70세를 넘긴 나이에도 적장 다섯을 베었다.

△**마초(馬招)** : 서량태수 마등의 아들이다. 장비, 허저 등과 싸워 승부를 가르지 못할 정도로 무예가 출중했다. 한중의 장로에게 의탁하다 유비에게 귀순하여 오호대장 중 한사람이 되었다. 제갈량은 그를 '문무를 겸비한 사람' 이라했다.

△**황충(黃忠)** : 관우, 장비, 조운, 마초와 함께 촉의 오호대장이다. 원래 유표의 장수였으나 장사(長沙)에서 관우와 맞서 싸우다 의기가 투합, 유비 휘하로 들어갔다. 숱한 공을 세웠으나 오(吳)와의 전쟁에서 마충의 화살에 맞아 죽었다.

△**마대(馬岱)** : 촉(蜀)의 장군으로 마초의 사촌동생이다. 제갈량의 회군 지시를 어기고 난을 일으킨 위연을 참(斬)하였다. 제갈량의 여러 작전들을 착실히 실행하며 맹획을 두번 생포하는 등 많은 공을 세웠다.
△**요화(廖化)** : 촉의 장수로 사람됨이 과감하고 강직하며, 결단력이 있고 절개가 굳었다. 강유가 위 정벌에 나섰을 때 "앞에는 왕평, 뒤에는 요화가 있다"고 할 정도로 용맹을 떨쳤다.
△**위연(魏延)** : 촉(蜀)의 장수로 무예가 뛰어났으며, 제갈량의 북벌(北伐)에 여러 차례 참여하여 공을 세웠다. 제갈량이 죽은 후에 장사(長史) 양의(楊儀)와 화합하지 못해 반역을 꾀하다 마대(馬岱)에 의해 죽임을 당했다.

△**감부인(甘夫人)** : 유비의 첫 번째 부인. 유비가 형주의 유표에게 몸을 의탁하고 있던 건안 12년에 아두(훗날 유선)를 낳았다. 적벽대전후 병으로 죽었다. 훗날 후주 유선이 제위를 계승하자 소열황후(昭烈皇后)로 추서되었다.

△**미부인(麋夫人)** : 유비의 두 번째 부인. 조운이 조조군 과의 싸움에서 감부인과 미부인을 구하기 위해 동분서주하다 미부인이 아두를 조운에게 맡기고 자신은 우물에 몸을 던져 최후를 맞는다. 미축의 누이동생이다.

△**손부인(孫夫人)** : 유비의 후취(後娶) 부인으로 손권의 누이이다. 유비가 형주목(荊州牧)으로 있을 때, 손권이 유비를 두려워하여 정략 결혼시켰다. 손부인이 유선(劉禪)을 데리고 오나라로 돌아가려는 것을 조운이 막아 혼자 돌아갔다.

- △**유선(劉禪)** : 촉한(蜀漢)의 2대 황제로 유비의 아들이다. 후주(後主)라고도 불리며 어릴 때 이름은 아두(阿斗)이다. 어린시절 여러 차례 조난당했으나 조운에게 두 차례 구원 받았다. 황후로는 장비의 딸이 간택 되었다.
- △**유심(劉諶)** : 유선의 다섯 번째 아들로 북지왕(北地王)이 되었다. 유선이 위의 등애에게 항복하는 것을 극구 만류했으나 듣지 않자, 자신의 처와 자식의 목을 베어 유비의 무덤에 가지고 가서 통곡한 뒤 자신도 자결했다.
- △**황호(黃皓)** : 촉의 환관이자 간신이다. 유선에게 아첨하여 권력을 잡고 나라를 어지럽게해 촉이 멸망하는 계기가 되었다. 강유가 위나라에서 촉을 공격하려 한다고 알려왔으나 '적은 오지 않을 것'이라는 무당의 말을 유선에게 전한다.

△**주창(周倉)** : 황건적이었던 장보와 함께 다니다 관우를 만나 수하에 들어갔다. 관우가 형주를 공격했을 때 물을 이용해 칠군을 공격하는 작전에서 적장 방덕을 사로잡는 등 큰 공을 세웠다. 관우가 동오군에서 참수 당하자 자결했다.

△**왕보(王甫)** : 풍채가 늠름하고 행정감각이 뛰어났다. 맥성(陌城)에서 달아나던 관우에게 샛길은 복병의 위험이 있다며 가도를 지나도록 했으나 관우가 이를 듣지 않았다. 결국 동오군에 포위되어 관우가 죽자 자신도 자결했다.

△**관평(關平)** : 부친 관우를 따라 전장(戰場)을 누볐다. 동오가 형주(荊州)를 취하자 관우와 함께 후퇴하여 맥성(陌城)을 지켰다. 관우 부자는 장수 유봉고·맹달에게 도움을 요청했지만 거절당해 고립된후 오의 여몽에게 생포되어 죽었다.

△**장송(張松)** : 조조가 쓴 병법서인 '맹덕신서(孟德新書)'를 암기하는 과목불망(過目不忘)의 기억력을 가진 능력자였다. 조조를 희롱하는 말을 서슴지 않았다. 유비를 익주의 새 군주로 모시기 위해 계획을 세웠으나 발각돼 처형됐다.
△**정기(程畿)** : 유장 때 태수로 일하다가 214년 유비가 익주를 차지한 후 종사제주가 되었다. 222년 유비가 효정(猇亭) 전투에서 패한후 강을 거슬러 귀국하다 뒤 쫓아 온 오군(吳軍)에 의해 죽었다.
△**엄안(嚴顔)** : 파군성을 지키다 장비에게 항복한 후 서촉에서 활약한 노장. 장합(張郃)이 가맹관(葭萌關)을 공격해 왔을 때 황충(黃忠)과 함께 싸워 무찌르고, 조조군 군량이 보관된 천탕산(天蕩山)을 공격해 하후덕(夏侯德)을 베었다.

△**마등(馬騰)** : 동탁을 치려고 서량에서 기병하기도 했으며 어느날 조조의 입궐 부름을 받은 마등은 황규와 함께 조조를 죽이려 했으나 사전에 발각되어 두 아들과 함께 처형 당했다.

△**방덕(龐德)** : 원래는 마초의 부하였다. 관우와의 전투에서 패해 붙잡혔다. 관우가 방덕에게 항복을 권유하자 "나라의 귀신이 될지언정 적의 장수는 되지 않는다!"며 의연히 최후를 맞았다.

△**한수(韓遂)** : 동탁을 치기위해 의형제인 마등과 같이 기병하기도 했다. 마초와 함께 조조와 싸울 때 마초가 자신을 의심하자 조조휘하에 들어가 부하 장수들과 함께 마초를 죽일 것을 논의했다. 이를 알아차린 마초에게 왼팔이 잘린다.

- △**원소(袁紹)** : 겉으로는 관대했지만 속으로는 질시하고 모략을 좋아했다. 결단력이 없고 인재가 있어도 등용하지 않았다. 모사 전풍(田豊)의 이야기를 듣지 않고 그를 죽인 것이 결정적인 실수가 되어 조조에게 패해 목숨을 잃었다.
- △**문추(文醜)** : 원소휘하 하북의 명장이다. 연진(延津)전투에서 의형제 안량의 원수를 갚기 위해 유비(劉備)를 자신의 부장으로 삼아 출전했지만, 조조에게 잠시 의탁하고 있었던 관우(關羽)에게 죽임을 당했다.
- △**안량(顔良)** : 문추와 쌍벽을 이루는 원소의 명장이다. 조조의 부장 송헌(宋憲)과 위속(魏續)을 단칼에 죽일 정도로 무예가 출중했다. 서황(徐晃)을 맞아 30합 만에 퇴각시켰지만 관우(關羽)와 싸워 목숨을 잃었다.

△**화타(華佗)** : 주(周)나라 때 전설적인 의사 편작(扁鵲)과 더불어 명의(名醫)의 대명사적 인물. 약과 침, 뜸 등 모든 분야에 정통했다. 관우의 어깨 화살 독을 치료했다. 후일 조조를 치료하려다 처형당하고 의서 청낭서마저 소실된다.

△**길평(吉平)** : 태의(太醫)로 헌제와 동승의 뜻에 따라 조조의 두통을 치료해 준다는 명분으로 독약을 투여하기로 했다. 그러나 이 일이 사전에 조조에게 발각되었다. 조조가 독한 형벌로 고문하자 계단에 머리를 부딪쳐 자살했다.

△**관로(管輅)** : 주역(周易)과 수학에 정통하고 관상술에 능했다. 8, 9세 때 이미 천문을 보는 것을 즐겼다. 좌자가 기행을 부려 조조를 병들게 하였을 때, 허지(許之)가 관로를 천거했다. 조조는 관로에게 자주 주역 점을 치게 했다.

△**등애(鄧艾)** : 제갈량과 사마의가 맞수이듯, 등애와 강유 또한 호적수였다. 문무를 겸비했으며 위나라 사마씨 휘하의 명장이다. 촉나라 강유의 북벌을 수차례 막아 위나라를 지킨 일등공신이며 성도를 기습해 함락했다.
△**강유(姜維)** : 촉한의 중흥을 위해 활약한 장수로 병법에 정통했다. 위의 옹주자사 왕경을 조서(洮西)에서 대파했다. 강유는 잠시 종회에게 항복한 뒤 촉을 수복하려 했지만 뜻을 이루지 못했다. 제갈량의 계승자였다.
△**종회(鍾會)** : 제갈탄이 사마소의 야심에 반발하여 봉기하자 제갈탄과의 전면전에 나섰다. 이때 지혜로 오나라에서 제갈탄을 도우러 온 전역(全懌)을 항복시켜 사마소의 신임을 받았다. 사마소의 장량이라는 별명을 얻었다.

△**여몽(呂蒙)** : 만학으로 이름 높은 사람으로 괄목상대(刮目相對)의 주인공. 주유와 노숙의 뒤를 이어 오나라의 대도독(大都督)이 되었다. 촉의 관우가 위의 조인이 지키던 번성(樊城) 공략에 나서자 그 틈을 타 형주를 점령했다.

△**육손(陸遜)** : 손에서 책을 놓지 않았다. 오나라가 형주(荊州)를 차지하는 데 큰 공을 세웠다. 수차례 위, 촉과의 전쟁에서 승리하였다. 오나라의 승상이 되었으나 왕위 계승을 둘러싼 내분에 휩싸여 파직된 뒤 나라를 근심하다 죽었다.

△**감택(闞澤)** : 조조에게 황개의 거짓 항복문서를 바쳐 연환계를 성공시켜 적벽대전을 승리로 이끈 한 사람이다. 경문(經文)에 대한 학식이 뛰어나 조정에서 중요한 일을 논의하다 의문이 생기면 사람들은 감택을 찾아가 물었다고 한다.

△**황개(黃蓋)** : 손견과 그의 아들 손책, 손권 형제까지 대를 이어 섬겼다. 적벽대전에서 고통을 감수하면서 고육지책(苦肉之策)를 건의해 조조 수군 선단에 화공(火攻)을 성공시켜 오-촉연합군이 대승을 거두는데 결정적인 역할을 했다.

△**손호(孫皓)** : 마지막 오주(吳主)로 거칠고 난폭하여 충신 등을 살해하였다. 매일 궁중에서 술을 마시고 즐겼으며 국사를 돌보지 않았다. 위의 진남대장군 두예(杜預)에게 항복하여 오나라를 멸망하게 한 장본인이다.

△**오국태(吳國泰)** : 손견의 처가 오씨 자매이다. 언니가 첫째부인이고 동생이 두 번째 부인이다. 언니가 죽으면서 손권에게 동생(오국태)을 어머니로 잘 모시라고 유언했다. 오국태는 손인을 낳았는데 그가 유비의 부인이다.

△**손권(孫權)**: 손견의 아들이자 손책의 아우이다. 조조가 형주를 장악하고 장강을 따라 진군해왔을 때 항복하자는 여러 신하의 의견을 물리쳤다. 주유와 정보를 좌우도독으로 삼아 유비와 연합하여 적벽에서 조조의 대군를 격파하였다.

△**감녕(甘寧)**: 형주 유표의 수하에 있다가 오나라에 항복했다. 관우가 오나라를 공격해오자 이를 방어하였으며, 유수에서 40만 대군의 조조군을 맞아 승리하는 등 많은 공을 세웠다.

△**능통(凌統)**: 부친 능조가 감녕에게 살해돼 감녕과는 앙숙관계였다. 무예가 뛰어나 전장에서 용맹하게 활약하였다. 합비전투에서 적의 화살을 맞고 낙마하자 감녕의 도움으로 목숨을 건진다. 이 일로 감녕과 화해하게 된다.

△**주유(周瑜)** : 수전(水戰)의 명수이다. 동오 최고의 군략가로 적벽대전의 영웅이다. 손권은 "주유가 없었다면 나는 제왕이 될 수 없었을 것"이라고 말했다. 주유는 제갈량을 시기하여 거듭 죽이려고 했으나 모두 실패했다.

△**노숙(魯肅)** : 주유의 뒤를 이어 대도독이 되었다. 손권에게 한(漢)왕실은 다시 일어설 수 없을 것이라며 천하통일을 도모하기를 권했다. 유비와 동맹을 맺어 함께 조조에 맞설 것을 주장했으며, 직접 유비를 만나 동맹체결을 주도했다.

△**장간(蔣幹)** : 조조(曹操)의 막빈(幕賓)이었다. 주유와 동문수학했는데, 옛 정의(情誼)를 이용하여 주유를 꾀려 조조가 그를 파견하였지만 도리어 주유의 반간계에 넘어가 채모(蔡瑁)와 장윤(張允) 등 두 장수를 죽이는 결과를 가져왔다.

△**공융(孔融)** : 공자의 후손으로 학문이 뛰어났다. 헌제(獻帝) 때 북해(北海)의 재상이 되었다. 동탁의 횡포에 격분하여 산동(山東)에서 황건적(黃巾賊) 평정에 힘썼다. 조조를 비판하고 조소하다가 일족과 함께 처형당했다.

△**태사자(太史慈)** : 유요를 도와 싸우다 손책에게 투항했다. 궁술로 이름이 높았으며 적벽대전에 주유의 호위무장으로 참전했다. 손권과 함께 합비(合肥)전투에 참여했다가 위의 장수 장료(張遼)의 기습으로 화살에 맞아 죽었다.

△**도겸(陶謙)** : 반 동탁 연합군에 참여했다. 유비에게 서주를 맡아 주기를 간곡히 부탁했으나 유비가 수차례 사양했다. 조조의 부친 조숭을 전송하다 부하 장개가 조숭을 살해하는 바람에 조조와 원수가 되었다.

△**양수(楊修)** : 양표의 아들로 머리가 좋았다. 조조 자식들의 후계자다툼에 관여하다 조조에게 미움을 받던 중 유비와의 한중 공방전에서 조조가 문득 계륵이라는 말을 철수명령이라고 해석해 멋대로 철수준비를 하는 바람에 처형되었다.

△**예형(禰衡)** : 삼국지에서 가장 독설가로 알려진 인물. 연회석상에서 조조 부하를 능멸하고 알몸으로 조조를 비웃어 노여움을 샀다. 사람들은 그를 싫어 했지만 북해태수 공융만은 그를 높게 평가했다.

△**진궁(陳宮)** : 여포의 모사. 조조에 대항하는 여포에게 여러 계책을 헌책했으나 대부분 채택되지 않았다. 여포는 진궁의 말을 들으면 이기고 듣지 않았을 때는 패했다. 여포 패망 후 조조의 회유에도 불구하고 결연히 죽음을 맞았다.

방 통

서 서

왕 윤

△**방통(龐統)**: 수경선생 사마휘가 '복룡(제갈량)과 봉추(방통) 중 한 사람만 얻어도 천하를 안정시킬 수 있다'고 했을 정도로 지략이 뛰어났다. 적벽대전 당시 조조를 돕는 척 하며 배들을 쇠사슬로 묶어 오-촉 연합군이 승리하게 했다.

△**서서(徐庶)**: 신야(新野)에서 유비를 따르며 두 차례 전쟁을 승리로 이끌었다. 조조는 서서의 모친을 잡아 서서를 부르는 가짜 서신을 쓰게 한다. 효자 서서는 눈물을 머금고 모친을 찾아가면서도 유비에게 제갈량을 천거했다.

△**왕윤(王允)**: 동탁이 폭정을 일삼을 때 조조에게 칠성보도를 주며 동탁의 암살을 부탁한다. 그러나 조조의 동탁 암살은 실패하고 도망치게 된다. 왕윤은 수양딸 초선과 함께 연환지계를 세워 동탁과 여포의 사이를 갈라 놓는다.

△**조조(曹操)** : 후한(後漢)이 힘을 잃어가던 시기에 탁월한 재능으로 두각을 드러냈다. 여러 제후들을 연달아 격파하고 중국대륙의 대부분을 통일하여, 위나라가 세워질 수 있는 기틀을 닦았다. 난세의 간웅(奸雄)이자 문인이기도 하다.

△**곽가(郭嘉)** : 조조(曹操)가 가장 아끼던 일급 참모. 조조가 "곽가만이 나의 참뜻을 이해하고 있다."라고 할 정도였다. 38세로 요절했다. 조조는 적벽대전에서 패한 후 "곽가가 있었으면 패하지 않았을 것"이라고 탄식했다.

△**가후(賈詡)** : '책략에 실수가 없고 사태 변화를 꿰뚫고 있었다.'고 평가되는 조조의 책사. 관도전투를 앞두고 망설이는 조조에게 결단을 촉구하여 승리로 이끌었고, 서량에서 마초와 한수가 반란했을 때는 이간책을 써 승리한 전략가.

허유

조비 견씨

△**조비(曹丕)** : 조조의 장남으로 조조가 죽자 위왕의 자리를 이어받았다. 후한 왕조를 무너뜨린 후 황제에 올랐다. 수도를 허창에서 낙양으로 옮겼다. 자신을 지지하는 사람은 논공행상을 폈지만, 원한이 있는 자는 용서하지 않았다.

△**허유(許攸)** : 허유가 조조에게 가지 않고 원소진영에 있었더라면 원소가 쉽게 망하지 않았을 것으로 평가되는 인물. 조조에게 투항해 원소군의 병참기지인 오소(烏巢)의 수비가 허술함을 알려 주고, 이곳을 기습해 함락하게 했다.

△**견씨(甄氏)** : 업성을 함락한 조조의 아들 조비가 원소의 집에 들어갔을 때 두 여인이 있었다. 원소의 부인 유부인과 원소의 아들인 원외의 처 견씨였는데 조비는 견씨를 보고 반해 결혼을 하게 되었다. 이들이 낳은 사람이 조예이다.

△**허저(許褚)**: 조조가 자신의 번쾌라고 했으며 호치(虎癡)라는 별명을 얻었다. 우월한 완력과 우직한 성품으로 조조의 신임을 받아 경호를 맡았으며 용맹을 떨쳤다. 몸가짐과 언행을 조심하여 고지식하게 법규를 준수했다.

△**장료(張遼)**: 초반에 여포의 수하로 있다가 조조에게 귀순한 후 맹활약하였다. 합비(合肥)전투에서 7천명으로 손권의 10만 대군을 물리치는 등 주로 동오 전선을 담당했다. '장료 온다' 하면 동오의 아이들이 울음을 그쳤다고 한다.

△**서황(徐晃)**: 조조휘하의 명장. 형주 정벌에서 황건적을 토벌했다. 강릉에서 주유와 싸워 승리하였으며, 한수와 마초 반란 때에는 마초 등을 패퇴시켰다. 관우와 친했으나 공사는 구분해 형주에서 관우를 크게 물리쳤다.

△**조인(曹仁)**: 조조와 6촌 형제이다. 초반부터 조조를 따라다니며 많은 공을 세웠으며 조조도 그의 용기와 지략을 중히 여겼다. 오군에 갇힌 우금을 구출하기도 했으며, 조조는 그를 복이 많은 복장(福將)이라고 했다.

△**조홍(趙弘)**: 종형인 조조가 거병했을 때부터 따라다니며 많은 공을 세웠다. 형양(滎陽) 전투에서 조조가 위험에 처했을때 자신의 말을 내어주며 "천하에 조홍은 없어도 되지만 공(조조)은 없으면 안 된다"는 유명한 말을 남겼다.

△**왕쌍(王雙)**: 유성추를 잘 쓴 위의 맹장. 촉군(蜀軍)이 진창을 포위하자 군사를 이끌고가 촉의 장수 사웅(謝雄)과 공기(龔起) 등을 죽이고 장의(張疑)를 쳐 상처를 입혔다. 촉군을 추격하다 위연의 기습을 받아 죽었다.

△**원술(袁術)** : 명문 원가의 적자였는데 얼자(孼子, 첩의 자식)인 원소와 대립하였다. 반동탁 연합군에 가담, 큰 공을 세웠지만 원소와 찢어져 서로 전쟁을 벌였다. 황제를 자칭하고 사치를 일삼다 제후들의 공격을 받고 멸망했다.

△**공손찬(公孫瓚)** : 유비와 동문수학했으며 유비의 벼슬을 천거하기도 했으나 난폭해 백성들이 원망하고 모신(謀臣)과 장수들은 달아났다. 유우(劉虞)를 쳐서 유주(幽州)를 차지하고 근거지로 삼았다. 원소의 대군에게 대패해 자살했다.

△**유표(劉表)** : 형주자사로 식견이 있었지만 겉으로는 너그럽고 속으로는 꺼리며, 모략을 좋아하고 결단력이 없었다. 좋은 것을 들어도 받아들이지 않았고 적자를 폐하고 서자를 세웠으며, 예의를 버리고 편애를 숭상했다.

△**사마소(司馬昭)** : 위(魏)나라 사마의 아들이다. 사마의가 죽은 뒤 위의 실권은 아들 사마사에게 이어졌다. 사마사가 죽자 그의 동생인 사마소가 권력을 장악했다. 그 자신은 촉을 멸망시켰으며 그의 아들 사마염은 삼국을 통일했다.

△**마속(馬謖)** : 병법에 밝아 제갈량의 신임을 받았으나 실전에서는 왕평의 말을 듣지 않고 가정전투에서 산위에 영채를 세워 참패했다. 이론과 실제는 다르다는 것을 입증한 인물. 읍참마속(泣斬馬謖, 울며 마속을 베다)의 주인공

△**왕랑(王朗)** : 서주자사 도겸을 따르다 후에는 회계태수가 되었다. 그러나 손책의 공격으로 몸을 피해 조조에게 귀순했으며 여러번 편지를 써서 제갈량에게 항복을 권유하기도 했다.

△**사마의(司馬懿)** : 오래 기다리고 버틸 줄 아는 사람이 성공한다는 것을 보여준 인물. 제갈량을 상대할 수 있는 유일한 인물로 제갈량의 공격을 가장 잘 막아낸 전략가이다. 조씨 왕조를 멸망시킨 사람이다.

△**학소(郝昭)** : 제갈량의 2차 북벌 당시 위의 진창성(陳倉城)을 공략했다. 그러나 진창성은 위의 명장 학소가 지키고 있었다. 그는 수천 명의 군사로 제갈량의 수만 군대와 전투에서 지켜내 진창성이 난공불락임을 과시했다.

△**장합(張郃)** : 원래 원소의 수하였으나 조조에게 투항했다. 조조군과 마초-한수군이 싸울 때 위수 남쪽에서 마초, 한수를 격파하고, 안정을 포위해 양추의 항복을 받아냈다. 위와 촉의 한중(漢中) 쟁탈전 때 장비와 격전을 치루었다.

△**전위(典韋)** : 조조가 악래에 비유했던 인물. 복양 전투에서 조조가 탈출하려다 불타는 기둥에 깔려 기절하자 구해 냈으며, 장수(張繡)와의 싸움에서 죽음으로 조조를 지켰다. 전위가 죽자 조조는 장남 조앙을 잃은 것보다 더 슬퍼했다.

△**하후연(夏侯淵)** : 기습에 능해 '사흘에 500리, 엿새에 1,000리를 간다.'는 말이 있었다고 한다. 저족(氐族)과 강족(羌族)을 토벌하고, 양주(凉州)와 한중을 차지하는데 큰 역할을 했다. 황충과 싸우다 정군산에서 전사했다.

△**장수(張繡)** : 동탁의 부하인 장제의 조카. 장제의 뒤를 이어 남양군 일대에 독자 세력을 구축하였다. 조조에 적대하여 한때 죽기 직전까지 몰아붙이기도 했다. 관도대전 무렵 가후의 권유로 조조에게 귀순했다.

△**법정(法正)** : 관우, 장비와 제갈량도 못하는 말을 유비에게 진언했던 책사. 한중전투에서 하후연을 죽이고 승리를 거둔 전략가이다. 제갈량은 후일 동오정벌에 나서는 유비를 법정이 살아있었으면 말릴 수 있었을 것이라고 아쉬워 했다.

△**장소(張昭)** : 용모가 당당하고 근엄하며 위풍이 있었다. 성격이 강직해 직언을 잘했다. 손권은 "장공(장소)이 함께 있으면 나는 감히 망언을 하지 못하오."라고 했다. 주유는 그를 경천동지(驚天動地)의 인물이라고 했다.

△**순욱(荀彧)** : 조조가 '나의 장자방'이라고 할 정도로 지략이 뛰어났다. 곽가, 사마의와 함께 조조의 가장 뛰어난 모사였다. 조조가 한나라를 섬기지 않고 위왕에 오르려는 것을 막다가 조조의 미움을 받자 자결했다.

도원(桃園)에서 세 호걸이 의형제(義兄弟)를 맺다

난세가 되자 영웅이 사방에서 일어나고 황건적(黃巾賊)이 봉기(蜂起)했다. 그러자 군사를 모집하는 방문(榜文)이 각 군현에 붙여졌다. 한나라 황실의 먼 일족인 유비(劉備)가 성(城)에 와서 방문을 보고, 백성을 구하려는 뜻을 세웠다. 이때 탁군(涿郡)의 장비(張飛), 해량(解良)의 관우(關羽)를 만났다.

세 사람이 뜻을 같이하고 장비의 장원에 도착하여 상의했다. 장원에는 도원(桃園:복숭아밭)이 있었는데 복사꽃이 한창 만발하여 매우 아름다웠다. 곧 장원에 상을 차려 분향하고 절하며, 의형제(義兄弟)가 되기로 결의했다.

독우(督郵)를 매질하는 장익덕(張翼德)

황건적(黃巾賊)과의 전투에서 유비, 관우, 장비가 여러 차례 전공을 세웠다. 그러나 소인배들의 방해로 우여곡절을 겪었다. 그런 뒤 유비는 중산부(中山府) 안희(安喜) 현령으로 발령이 났다. 이때 관원을 감독하는 독우(督郵)가 유비를 조사하기 위해 안희(安喜)현에 도착했다.
유비가 뇌물을 주지 않자 독우가 유비를 냉담하게 대했다. 장비가 매우 분개하며, 분(忿)을 삭이기 위해 술을 몇 잔 들이켰다. 그리고 역참(驛站)으로 쳐들어가 독우의 상투를 움켜잡고 끌어내 마주나무(말과 소를 매어 놓는 나무)에 묶고 한참동안 매질했다.

금주(金珠: 황금과 구슬)로 여포(呂布)를 설득하는 이숙(李肅)

이 용맹한 장수는 정원(丁原)의 양자 여포(呂布)다. 모든 장수들이 한목소리로 여포의 재주를 칭찬했다. 호분중랑장 이숙(李肅)이 일어나 여포를 투항시켜 데려오겠다고 했다. 동탁(董卓)은 자신이 매우 아끼며 하루 천리를 달리는 적토마(赤兎馬), 황금 1000량, 구슬 10알을 이숙에게 쥐어 떠나보냈다.

여포는 재물을 보고 의리를 저 버렸다. 그날 밤 2경(二更: 밤 9시~11시)에 칼을 들고 정원이 있는 장막으로 갔다. 그때 촛불 아래에서 책을 읽고 있던 정원을 살해하여 수급(首級: 머리)을 가지고 동탁에게 달려갔다.

동탁 암살이 실패하자 칠보도(七寶刀)를 바치는 조맹덕(曹孟德)

동탁이 조조가 늦게 온 것을 묻자 조조가 '말이 비루해서 늦었습니다' 라고 대답했다. 동탁이 여포를 불러 말 한필을 조조에게 주라고 분부했다. 동탁이 피곤해 잠시 누워 낮잠을 잤다. 조조는 기회가 왔다고 여겨 칠보도를 뽑아 막 손을 쓰려고 했다.
동탁이 벽에 걸린 거울을 보니 조조가 칼을 뽑자 급히 몸을 돌려 외쳤다. "맹덕(孟德, 조조의 자) 아! 너 지금 뭐하느냐?" 다급한 중에 조조는 금방 대답을 찾아 황급히 꿇어앉으며 말했다. "저에게 보도(寶刀) 한 자루가 있어 승상께 바치려고 가져왔습니다."

가짜 조서(詔書)를 보내자 제진(諸鎭)이 조조에게 응하다

거사에 실패한 조조(曹操)는 여포(呂布)가 끌고 온 말을 채찍질하여 낙양(洛陽)을 빠져나와 진류(陳留)땅으로 돌아왔다. 조조는 가짜 황제 조서 1부를 작성했다. 그 요지는 조조에게 동탁을 토벌하라는 명령을 비밀리에 내렸으니, 각처의 제후들은 군사를 일으켜 조조를 도와 동탁을 치라는 것이었다.
오래지 않아서 악진(樂進), 이전(李典), 하후돈(夏侯惇), 하후연(夏侯淵), 조인(曹仁), 조홍(曹洪), 유비(劉備), 원소(袁紹) 등 18진 제후들이 호응하니, 도합 40만 대군이었다.

옥새(玉璽)를 숨기고 약속을 어기는 손견(孫堅)

손견(孫堅)이 낙양성(洛陽城)에 입성, 궁중의 우물을 치다가 전국옥새(傳國玉璽)를 건졌다. 손견은 하늘이 내린 보물이라 여기고 곧 강동으로 회군하여 대업을 도모하기로 했다. 그런데 우물을 치는 작업에 참여했던 군졸이 원소(袁紹)에게 고발할 것이라고는 미처 생각하지 못했다.
다음날 손견이 병을 핑계로 원소에게 작별인사를 했다. 그러자 원소가 웃으며 비아냥거렸다. "이것은 전국옥쇄를 얻어서 생긴 병이 아니오?" 군졸이 증인으로 나오니 매우 화가 난 손견이 칼을 뽑아 군졸을 죽이려고 하자 원소도 칼을 뽑아 싸울 준비를 했다.

반하(磐河)에서 공손찬(公孫瓚)과 싸우는 원소(袁紹)

동탁(董卓) 토벌이 실패하자 제후들은 뿔뿔이 흩어져 돌아갔다. 하내(河內)에 둔병(屯兵)한 원소는 기주(冀州)에 양초(糧草:군량과 건초)가 풍부하다는 것을 알았다. 기주를 차지하기 위해 사람을 공손찬(公孫瓚)에게 보내 같이 공격하자고 했다. 그 후 기주의 한복(韓馥)에게 공손찬이 쳐들어온다는 정보를 제공했다. 한복이 도움을 요청하자 원소는 기주를 차지했다.
공손찬은 원소가 기주를 점령했다는 것을 알고 기주를 똑같이 나누자고 요구하면서 싸움이 시작되었다.

연환계(連環計)를 쓰는 왕사도(王司徒)

동탁(董卓)이 헌제(獻帝)를 협박하여 장안으로 천도한 이후, 여포(呂布)가 심복이 되자 동탁은 점점 포악해졌다. 사도(司徒) 왕윤(王允)이 우울한 마음을 달래려고 깊은 밤 후원으로 발걸음을 옮겼다. 문득 모란정(牧丹亭) 옆에서 한숨 쉬는 소리가 들렸다.
어려서 부중(府中)에 들어온 가기(歌妓) 초선(貂蟬)이었다. 왕윤이 나랏일로 마음이 우울한 것을 보았으나 걱정을 풀어주지 못해 탄식하고 있었던 것이다. 왕윤이 초선에게 동탁과 여포의 사이에서 연환계(連環計)를 쓰면 어떻겠느냐고 의사를 묻자 초선은 흔쾌히 수락했다.

가후(賈詡)의 제책을 듣고
장안(長安)을 침범하는 이각(李傕)

왕윤(王允)이 연환계를 써 동탁(董卓)을 살해하자 동탁의 부장 이각(李傕)과 곽사(郭汜), 장제(張濟), 번조(樊稠) 등 네 사람은 서량(西涼)으로 달아났다. 이들은 서량에서 사자(使者)를 장안(長安)으로 보내 죄를 사면해 달라고 요청했다.

사자가 서량으로 돌아가 왕윤의 반대로 사면을 받지 못했다고 보고했다. 이각은 각자 알아서 달아나자고 주장했다. 그러나 모사(謀士) 가후(賈詡)가 애써 말렸다. 이각이 가후의 말에 따라 10만 명을 모았다. 네 장수가 거느린 군사가 네 길로 나눠 장안으로 달려갔다.

근왕병(勤王兵)을 일으키는 마등(馬騰)

서량(西涼)태수 마등(馬騰)과 병주(并州)자사 한수(韓遂)가 비밀리 장안(長安)에 있는 마우(馬宇) 등에게 사람을 보내 서로 내응(內應)하기로 했다. 마우가 헌제(獻帝)에게 청하여 밀조 한통을 몰래 보내 마등을 정서장군(征西將軍), 한수를 진서장군(鎭西將軍)에 봉했다.
마등과 한수 두 사람이 밀조를 받고 10만 인마를 거느리고 장안으로 달려갔다. 영특하고 용맹한 마등의 아들 마초가 이각의 장수 왕방(王方)을 베고, 이몽(李蒙)을 사로잡았다. 곧바로 이각의 군사를 추격하여 골짜기 앞에 도착해 영채를 세운 후 이몽을 참수했다.

북해(北海)의 공융(孔融)을 구하는 유황숙(劉皇叔)

도겸(陶謙)은 조조의 군사를 막는 것이 어렵다고 생각해 북해(北海)의 공융(孔融), 청주(靑州)의 전해(田楷)에게 원군(援軍)을 요청했다. 공융은 즉시 서신(書信) 한통을 유비에게 보내고 같이 가서 서주(徐州)를 구하자고 청했다. 유비는 공손찬(公孫瓚)에게 가서 조운(趙雲)과 2,000인마를 빌려 자신의 3,000인마와 함께 서주로 진군했다. 유비는 공융과 전해에게 진지를 굳게 지키게 하고, 관우와 조운이 양쪽에서 호응토록 하는 한편 자신은 장비와 함께 1대의 군사를 거느린 뒤 조조군의 영채로 돌격했다

세 번 서주(徐州)를 양보하는 도공조(陶恭祖)

유비(劉備)가 5,000인마를 거느리고 서주(徐州)를 구하려고 왔을 때다. 유비의 모습이 비범하고 행동거지와 언행이 준수한 것을 본 도겸(陶謙)은 이 사람이 인재라고 여겨 서주를 유비에게 양도하려 했다.
그러나 유비가 굳이 사양하고 수락하지 않았다. 조조와 여포가 싸우려고 퇴군(退軍)하자 도겸이 다시 서주를 유비에게 양도하려고 했으나, 유비가 이를 받지 않았다. 도겸이 재차 "명공(明公)은 한실(漢室)의 성지를 중하게 여겨 서주의 패인(牌印)을 받으시오." 라고 하는데도 유비는 굳이 사양하고 받지 않았다.

서로 격렬히 싸우는 이각(李傕) 곽사(郭汜)

이각(李傕), 곽사(郭汜)가 헌제(獻帝)를 협박하여 스스로 대사마와 대장군이 되었다. 헌제의 일거수일투족을 감시하자 헌제는 두 사람을 제거하려고 생각했다. 그래서 태위 양표(楊彪)가 헌제에게 이간계(離間計)를 올렸다. 이각, 곽사 두 사람이 서로를 시기하여 군사를 동원해 싸웠다. 그러자 장안성(長安城) 안에는 대란이 일어났다.
이각이 헌제와 황후를 협박하여 미오성(美塢城)으로 갔다. 곽사가 궁녀들을 군진에 감금하고 궁궐을 불태운 뒤 미오성으로 쫓아왔다.

어가(御駕)를 허도(許都)로 모시는 조맹덕(曹孟德)

헌제(獻帝)가 낙양(洛陽)에 도착했다. 양표(楊彪)는 이각, 곽사의 추격이 두려워 즉시 헌제에게 산동(山東)의 조조를 낙양으로 부르자고 청했다. 하루는 정탐마가 달려와 "이각, 곽사의 대군이 이미 낙양 가까이 왔다."고 보고 했다.

헌제가 산동을 향해 달아나려고 성문을 나서는데 조조의 대군이 도착했다. 그리하여 다시 낙양성으로 들어갔다. 이각, 곽사의 군사를 격파한 조조가 헌제에게 허도(許都)로 천도하자고 청했다. 헌제는 조조의 말을 따르지 않을 수 없었다. 신하들도 조조의 세력이 두려워 감히 반대하지 못했다.

크게 다투는 손백부(孫伯符)와 엄백호(嚴白虎)

손책(孫策)이 양주자사 유요(劉繇)를 패배시키고 젊은 장수 태사자(太史慈)를 귀순시켰다. 군사를 거느리고 이긴 기세를 몰아 오군(吳郡)을 공격했다. 오군을 지키는 장수 엄백호(嚴白虎)는 손책과 대적할 수 없다는 것을 알았다. 그의 아우 엄여(嚴輿)를 보내 강동을 나눠 갖자는 조건으로 화해를 구했으나 부당한 강화 조건에 화가 난 손책이 엄여를 살해했다.
이 소식을 들은 엄백호는 성을 버리고 달아났다. 손책이 군사를 거느리고 추격하여 회계성(會稽城) 아래에 이르렀다. 엄백호는 큰길을 버리고 황야로 달아났다.

원문(轅門)에서 방천화극을 쏘아 맞추는 여봉선(呂奉先)

여포는 자신이 활을 쏘아 방천화극의 작은 가지를 맞추면 쌍방에게 퇴각하라고 강요했다. 만약 누구라도 자신의 말을 듣지 않으면 다른 한쪽과 힘을 합쳐 싸울 것이라고 했다. 말을 마친 여포가 화살을 시위에 걸고 당겼다. 화살은 탕하는 소리와 함께 정확하게 방천화극의 작은 가지에 명중했다.

대거 칠군(七軍)을 일으키는 원공로(袁公路)

수춘(壽春)에 있던 원술(袁術)은 손책(孫策)으로부터 전국옥새(傳國玉璽)를 얻은 후 함부로 자신을 높여 스스로 황제라고 칭했다. 군사를 일으켜 여포(呂布)를 공격했으나 도리어 여포에게 대패했다.
게다가 수춘지방에 해마다 흉년이 들어 곡식 한 톨 구할 수 없었다. 군량이 결핍되자 부하들은 원술에게 회수(淮水)를 건너 철수하자고 권유했다. 그 이유는 첫째 식량을 약탈하는 것이고, 둘째 조조군의 공격을 피하는 것이었다.

가문화(賈文和: 가후)가 적의 동향을 헤아려 승리하다

수춘(壽春)을 점령한 조조에게 장수(張繡)와 유표(劉表)가 연합하여 허도(許都)로 진군하려한다는 소식이 들려왔다. 조조는 급히 허도로 회군하여 헌제(獻帝)에게 장수를 토벌하자고 상주(上奏, 말씀을 올림)했다. 양군이 교전하니 장수군이 대패했다.
장수가 성문을 굳게 닫고 나오지 않자 조조가 성을 포위하고 며칠을 관망했다. 장수의 모사 가후(賈詡)가 조조의 성동격서(聲東擊西: 소리는 동쪽에서 내고, 서쪽을 공격함) 계책을 간파하고 장수에게 장계취계(將計就計: 상대계책을 알아채고 그것을 역이용하는 계략)를 써 조조를 죽이자고 했다.

하비성(下邳城)에서 조조가 크게 싸우다

조조가 진등(陳登) 부자와 내응하여 서주(徐州)를 기습 공격하고 소패(小沛)를 점령한 뒤, 여포가 있는 하비성(下邳城)을 포위하려고 했다. 여포는 서주를 버리고 소패를 공격하러 가는 중 돌연 일대인마가 길을 막았다.
앞장선 대장은 손에 장팔사모(丈八蛇矛)를 든 장비였다. 양군이 교전하는데 문득 진 밖에서 함성이 일어나더니 조조군이 달려왔다. 여포는 동쪽을 향해 달아났다.

대궐(大闕)에서 조서를 받는 동국구(董國舅: 동승)

헌제(獻帝)는 조조의 전횡을 생각하니 눈물이 멈추지 않았다. 복(伏)황후가 옆에서 위로하고 있는데, 천자의 장인 복완(伏完)이 왔다. 즉시 헌제에게 국구(國舅: 황제의 장인) 동승(董承)을 추천하여 간신을 제거하라고 했다.
헌제가 손가락 끝을 깨물고 피를 내 조서 한통을 썼다. 복황후가 헌제의 옥대 안에 넣고 바늘로 감쳤다. 동승을 입궁하라고 불러 공신각(功臣閣)으로 데리고 들어갔다. 선대 황제들의 초상화를 보고 나서 옥대를 풀어 동승에게 주면서 말했다. "집으로 돌아가거든 자세히 살펴 짐의 깊은 뜻을 저버리지 마시오."

술을 데우며 유비(劉備)와 영웅(英雄)을 논하는 조조(曹操)

하루는 유비가 승상부(丞相府)로 가자 조조는 유비를 데리고 화원에 있는 작은 정자(亭子)로 인도했다. 술을 데우는 중, 갑자기 소나기가 몰려오면서 우렛소리와 함께 번개가 쳤다. 그러자 조조가 유비에게 "당세에 영웅은 누구입니까?"라고 물었다.

유비가 원술, 원소, 유표, 손책 등의 이름을 연달아 말했다. 그러자 조조가 머리를 흔들면서 크게 웃더니, 손으로 유비를 가리키면서 말했다. "천하에서 영웅은 사군(使君: 유비를 지칭)과 나."

마보군(馬步軍) 삼군(三軍)을 일으키는
원소(袁紹)와 조조(曹操)

유비(劉備)가 원소(袁紹)에게 기병하여 조조를 치라고 권했다. 원소는 안량(顔良)을 선봉으로 삼아 곧바로 백마(白馬)땅을 공격하게 하고 자신이 친히 대군을 거느리고 뒤따랐다.
이 소식이 허도에 전해지자 조조는 급히 15만 군사를 거느리고 삼로군(三路軍)으로 나눠 출발했다. 가는 길에 급한 보고를 받은 조조는 또다시 5만 인마까지 거느리고 나는 듯이 전진하여 백마에 도착했다. 조조는 즉시 백마의 언덕에 영채(營寨)를 세웠다.

독(毒)을 풀다가 형을 받는 길태의(吉太醫)

조조가 대전(大殿)에서 권력을 전횡하며 천자를 안중에 두지 않았다. 국구(國舅) 동승(董承)이 이로 인해 화병이 나 자리에 누웠다. 헌제가 태의(太醫) 길평(吉平)을 보내 동승의 병을 살피게 했다. 그런데 두 사람은 비밀리 독약으로 조조를 죽이려고 모의했다.

동승의 하인이 조조에게 이 사실을 밀고하자, 조조가 평소에 앓던 두통이 재발했다며 길평을 오도록 하여 치료를 맡겼다. 조조가 이미 알고 있다는 것을 모르는 길평은 탕약을 달일 때 약탕기에 독약을 넣었다. 일이 실패로 끝나고 길평은 후원에 끌려가 심한 고문을 받았다

황숙(皇叔)이 패하여 원소(袁紹)에게 달아나다

조조(曹操)가 출병하여 서주(徐州)로 진군했다. 장비(張飛)는 조조군이 멀리서 왔으니 반드시 피곤할 것이라고 말했다. 유비(劉備), 장비가 각각 일군을 거느리고 조조의 영채(營寨)를 야습했다. 그러나 조조가 미리 방비하고 있었다.

장비가 조조의 영채로 진격했으나 사람 하나, 말 한 필 보이지 않았다. 비로소 계책에 당했다는 것을 알고 황급히 퇴군했지만 장료(張遼)와 허저(許褚)에게 포위당하고 말았다. 장비가 좌충우돌하여 길을 찾아 달아났다. 유비가 영채로 채 돌아오지 않았는데, 영채에서 함성이 진동하고 온통 싸우는 소리만 들렸다.

토산(土山)에 주둔한 관공이 조조에게 삼사(三事)를 약속받다

관우가 성을 나와 적을 맞아 싸우다가 성에서 20리 떨어진 곳까지 유인당했다. 그러나 그때는 이미 두터운 포위망에 갇히고 말았다. 관우는 성안에 있는 유비의 가족이 마음에 걸려 몇 차례나 포위망을 뚫으려고 시도했지만 번번이 실패했다. 장료(張遼)가 항복을 권하자 관우는 세 가지 조건을 걸었다. 첫째, 한나라에 항복하는 것이지 조조에게 항복하는 것이 아니다. 둘째, 유비의 녹봉을 충분히 주어 유비 가족을 부양할 것. 셋째, 일단 유비의 행방을 알면 그에게 가도록 해 줄 것. 장료가 듣고 돌아가서 조조의 허락을 받았다.

싸움에 지고 장수를 잃은 원본초(袁本初: 원소)

패잔병이 돌아가 원소(袁紹)에게 안량(顔良)이 전사했다고 보고하자 대장 문추(文醜)가 안량의 원수를 갚겠다고 나섰다. 문추가 7만 대군을 거느리고 황하(黃河)를 건너 조조 군을 추격했다.
관우가 필마로 앞장서 달려가 문추와 싸웠다. 3합도 지나지 않아 문추가 강을 돌면서 달아났다. 관우가 탄 적토마가 재빨리 문추를 추격했다. 마침내 문추의 머리도 한칼에 베어져 낙마하고 원소 군은 사방으로 흩어져 달아나 버렸다. 이로부터 관우의 명성이 천하에 떨쳐졌다.

단기(單騎)로 1,000리를 달리며 오관을 돌파하는 미염공(美髥公)

조조(曹操)는 관우(關羽)가 이미 떠났다는 소식을 들었다. 즉시 장료(張遼)를 보내 작별인사를 할 것이니 잠시 멈추라고 했다. 조조가 다리 옆에 도착했을 때 관우는 청룡언월도(靑龍偃月刀)를 잡고 다리 위에 말을 세우고 서 있었다. 관우는 조조 일행이 모두 병장기를 휴대하지 않은 것을 보고서야 마음을 놓았다.
조조가 황금과 전포를 선물하여 작별의 정을 표했다. 관우는 청룡언월도로 전포를 거둔 후 몸에 걸치고 작별했다. "승상께서 하사하신 전포 감사합니다. 후일에 다시 뵙기를!" 말을 마치고 말머리를 돌려 다리를 건너갔다.

채양(蔡陽)의 목을 베어 형제의 의심을 푸는 관우(關羽)

한 고성(古城)에 도착한 관우(關羽)는 현지인에게서 장비(張飛)가 성을 차지하고 있다는 소식을 들었다. 관우가 장비에게 자신이 왔다는 것을 통보했으나 장비는 이미 그가 조조에게 항복했다는 것을 알고 있었다.
인마를 대동하여 관우를 죽이려고 나왔다. 이때 일지인마(一枝人馬)가 달려오는데 조조군의 깃발이 휘날리고 있었다. 대장은 채양(蔡陽)이었다. 관우가 장비에게 말했다. "아우! 내가 저기 온 장수를 베어서 내 진심을 보일 것이니, 잠시만 기다리게." 말을 하기 무섭게 나는 듯이 말(馬)을 몰아 채양을 베어 낙마시켰다.

소패왕(小覇王)이 노하여 우길(于吉)을 참수하다

어느 날 손책이 산에서 사냥을 하고 있을 때 허공(許貢)의 원수를 갚으려는 허공의 식객 세 사람이 손책을 죽이려고 뒤쫓았다. 손책의 부장이 손책을 구해 돌아와 집에서 상처를 치료해 주었다. 그러던 중 한 사건이 일어났다. 사람들이 신선(神仙)이라고 부르는 우길(于吉)이라는 도사가 있었다. 그는 비와 바람을 부르는 능력이 있었으며 위험에 처해 있거나 어려운 사람들을 구했다고 했다. 손책은 미신을 믿지 않았다. 손책은 우길에게 사람들을 미혹시킨 사교의 교주라는 죄목을 씌워 처형했다.

오소(烏巢)를 습격해 군량(軍糧)을 불태우는 맹덕(孟德)

원소(袁紹)는 군량이 불타는 것을 염려하여 즉시 본영을 지키던 군사 1만을 북쪽 40리에 있는 오소(烏巢)로 파견했다. 또 조조의 영채를 기습하려고 군사를 보냈다. 조조는 원소의 군량이 오소에 있다는 정보를 허유(許攸)를 통해 알았다.

조홍(曹洪)에게 매복하여 본영을 지키게 하고 자신은 5,000군사를 이끌고 원소 군으로 위장해 곧장 오소로 갔다. 삽시간에 화염이 사방에서 일어나고 연기가 자욱하면서 오소의 군량이 불탔다. 조조군의 영채를 기습하러 갔던 원소의 군사들도 조홍의 매복에 걸려 참패했다.

창정(倉亭)에서 본초(本初)를 격파하는 조조(曹操)

원소(袁紹)가 패해 기주(冀州)로 돌아온 후 장자(長子)와 차자(次子), 외조카가 각각 군사 5~6만을 이끌고 기주로 와 힘을 합쳐 조조에게 대항했다. 조조군은 이긴 기세를 몰아 창정(倉亭)까지 추격해 원소군과 대치하여 영채를 세웠다.
조조가 영채로 돌아오니 정욱이 십면매복계(十面埋伏計)를 올렸다. 그날 밤 10명의 대장이 군사를 이끌고 매복하고 짐짓 조조군이 점차 패하여 퇴군하니 원소군이 추격해왔다. 황하(黃河)에서 배수진을 치고 있던 조조군의 십면매복계에 당한 원소는 패잔병을 이끌고 기주성(冀州城)으로 돌아왔다.

기주(冀州)를 뺏기 위해 싸우는 원담(袁譚)과 원상(袁尙)

원소(袁紹)는 조조(曹操)와 여러 번 싸웠으나 모두 패했다. 의기소침한 나머지 병이 들어 일어나지 못했다. 원소의 처 유(劉)부인이 급히 원소의 침상 곁으로 심배(審配)를 불러 자신의 아들인 셋째 원상(袁尙)을 대사마(大司馬)로 삼는다는 유서를 작성하게 했다. 또 기주 청주 유주 병주 등 네 주도 통치하게 했다.
장자 원담(袁譚)이 매우 화를 내 크게 불평하자 원상이 군사를 이끌고 원담을 토벌했다. 기주성(冀州城) 밖에서 두 사람이 대치하여 서로 양보하지 않고 오로지 상대방을 나무라다 마침내 서로 싸움을 벌였다.

혼란을 틈타 견씨(甄氏: 원희의 아내)를 차지한 조비(曹丕)

대패한 원소군은 성을 버리고 산해관(山海關)을 거쳐 요동(遼東)태수 공손강(公孫康)에게 달아났다. 기주성(冀州城)을 점령하자 조조의 장자 조비(曹丕)가 병력을 거느리고 원소의 저택에 들어갔다. 말에서 내려 칼을 뽑아들고 후당으로 쳐들어갔다. 두 부인이 서로 안고 울고 있었다.
한 사람은 원소의 처 유(劉)씨이고, 한 사람은 원소의 셋째아들 원희(袁熙)의 처 견(甄)씨였다. 조비가 견씨의 비범한 자태를 보고 마음에 두자 조조는 조비에게 견씨를 처로 받아들이도록 허락했다.

병풍(屛風) 뒤에서 유비와 유표의 대화를 엿듣는 채부인(蔡夫人)

유비가 유표(劉表)에게 의탁한 이래 환대를 받았다. 언제나 술을 마시면서 일을 의논했다. 그런데 유비가 유표를 만나 얘기할 때마다 유표의 처 채(蔡)부인이 병풍 뒤에서 엿들었다.

하루는 유표가 장자(長子:전처소생)를 후계자에서 폐하고, 차자(次子: 후처 채부인 소생)를 세우려고 하자 유비가 술기운에 말했다. "폐장입유(廢長立幼:장자를 폐하고 작은 아들을 세움)는 진실로 예법에 어긋나는 일입니다." 채 부인이 병풍 뒤에서 이 말을 듣고 뼛속 깊이 유비를 원망했다.

신야(新野)에서 영주(英主)를 만나는 서서(徐庶)

수경선생(水鏡先生)이 유비에게 복룡(伏龍), 봉추(鳳雛) 같은 현명한 인재를 찾으라고 당부했다. 신야(新野)에 돌아온 후에도 수경선생의 말을 염두에 두고 잊지 않았다. 하루는 유비가 거리에서 머리에 갈건을 쓰고 베옷을 입고 노래를 부르고 있는 사람을 보았다. 유비가 말에서 내려 이름을 물어보니 그가 대답했다.

"제 이름은 선복(單福: 單은 이름인 경우는 선으로 읽음)입니다. 유사군(劉使君)이 현인을 부르고 선비를 받아들인다는 말을 듣고 왔습니다" 유비가 듣고 매우 기뻐하며 선복을 군사로 삼아 인마를 조련하게 했다.

떠나면서 제갈량(諸葛亮)을 천거하는 원직(元直) 서서

조조는 서서의 일을 듣고 그의 모친을 인질로 데려왔다. 모친의 필체를 위조하여 서신을 보내 귀순시키려는 것이었다. 서서는 노모를 구하기 위해 유비를 떠나게 되었다. 서서를 보내는 유비의 안타깝고 서운한 마음은 무엇이라 말로 표현할 수 없었다.

서서가 눈물을 머금고 길을 떠났다. 그런데 잠시 후 서서가 발걸음을 돌려 다시 돌아와 말했다. "한 가지 말씀드린다는 것을 잊었습니다. 수경선생이 말씀하신 복룡은 제갈량(諸葛亮)입니다. 그가 지금 양양성(襄陽城) 밖 와룡강(臥龍崗)에 살고 있으니, 그에게 하산(下山)을 청하십시오."

삼고초려(三顧草廬) 하는 유현덕(劉玄德)

유비(劉備)가 현인(賢人) 모시기를 마치 목마른 것처럼 해 관우, 장비와 함께 두 번째 와룡강(臥龍崗)으로 가게 되었다. 유비가 초당에 도착하여 "와룡 선생님 계십니까?" 하고 물었다. 이에 동자가 문을 열고 나와 대답했다. "선생님께서는 당상에서 책을 읽고 계십니다."
초당으로 들어가서 찾아온 뜻을 밝히니 이 사람은 제갈량이 아니고, 그의 아우 제갈균(諸葛均)이었다. 유비는 제갈량에게 남기는 서신을 써 현인을 구하는 뜻을 밝혔다.

융중(隆中)에서 천하삼분(天下三分)의 계책(計策)을 청하다

세 번째 와룡강(臥龍崗)을 찾아가 비로소 제갈량(諸葛亮)을 만났다. 제갈량은 초려(草廬) 안으로 유비를 청해 말했다. "현재 조조가 북방을 점거한 것은 천시(天時)를 얻은 것이고, 손권이 남방을 점거한 것은 지리(地利)를 얻은 것입니다.
장군이 대업을 이루려고 하면 반드시 인화(人和)를 얻어 먼저 형주(荊州)를 점령하고 그 다음 서천(西川)에 기업을 세워 조조, 손권과 정족지세(鼎足之勢)를 이뤄 앞날을 도모해야 합니다." 유비(劉備)가 절하고 제갈량의 하산(下山)을 청했다. 제갈량은 유비의 정성스런 모습을 보고 마침내 하산을 결심했다.

공명에게 계책을 구하는
형주성(荊州城)의 공자(公子) 유기(劉琦)

유비와 제갈량이 유표를 만나러 오자 유표가 말했다. "나는 이미 늙었으니 아우가 와서 나를 도와주고, 형주의 주인이 되어주게." 유비가 사양하고 역관(驛館)으로 돌아오니 유표의 아들 유기(劉琦)가 유비를 찾아와 말했다. "계모가 저를 용납하지 않아 위험이 눈앞에 닥쳤습니다." 이에 유비가 "제갈량에게 방법을 구해보시게." 다음날 제갈량이 유비의 부탁을 받고 유기의 저택으로 답방을 가니 유기가 세 번이나 위험에서 벗어날 수 있는 계책을 물었다. 제갈량이 유기에게 자구책(自救策)을 말해 주었다.

조조에게 형주(荊州) 헌납을 의논하는 채부인(蔡夫人)

유표(劉表)의 병이 위독하자 장자 유기(劉琦)가 강하(江夏)에서 부친의 문병을 왔다. 그러나 채모(蔡瑁)가 성문 밖에서 제지했다. 유표가 죽자 채부인과 채모는 가짜 유서 한장을 작성하여 유종(劉琮)을 형주(荊州)의 주인으로 삼고 양양성(襄陽城)으로 거처를 옮겼다.
조조가 50만 대군을 거느리고 양양성으로 진격하자 유종은 매우 두려워했다. 채부인과 문무 관리들이 권하여 항서(降書 : 항복하는 문서)를 써 유비 몰래 조조에게 바쳤다.

단기로 주군(主君)의 어린 아들을 구하는 조자룡(趙子龍)

유비가 백성을 대동하여 강릉(江陵)을 향해 천천히 이동했다. 조조는 항복한 장수 문빙(文聘)에게 철기 5,000명을 줘 추격토록 했다. 당양현(當陽縣) 경산(景山) 자락에서 유비를 따라잡아 한바탕 혼전을 벌였다. 조운은 필마단창(匹馬單槍)으로 조조군에 뛰어들어 감부인(甘夫人:유비의 부인)과 아두(阿斗:유비의 아들)를 구했다.
조운은 아두를 가슴에 품고 힘써 조조의 삼군을 막았다. 조조가 경산(景山)의 정상에서 군진을 관찰하다가 조운이 뛰어난 장수라는 것을 알았다. 그리하여 조운을 사로잡으라는 군령을 전했다.

장판교(長坂橋)에서 장익덕(張翼德)이 적에게 교란작전을 펼치다

조조(曹操)의 대군이 추격을 멈추지 않았다. 조운(趙雲)은 인곤마핍(人困馬乏)한 채 장판교(長坂橋) 앞으로 왔다. 장비(張飛)도 손에 장팔사모(丈八蛇矛)를 들고 말을 타고 다리위에 서있었다. 장비가 조운을 막 통과시키고 나자 조조의 대군이 밀어닥쳤다. 다리 위에 서있던 장비가 호통을 쳤다.
"장비가 여기 있다. 누가 감히 나와 결사전을 하겠느냐?" 쩌렁쩌렁한 고함소리에 놀라 말에서 떨어진 자도 있었다. 조조는 복병이 있다고 의심하여 즉시 말머리를 돌려 달아났다.

주화파를 물리치는 노자경(魯子敬:노숙)

손권(孫權)이 시상(柴桑)에 주둔하고 있는데, 조조가 83만 대군을 이끌고 온다는 첩보가 들어왔다. 어찌할 바를 모르며 급히 관리들을 소집하여 대책을 논의했다.

장소(張昭) 등 문관들은 하나같이 조조에게 항복할 것을 주장하자 노숙(魯肅)이 힘써 사람들의 논의를 물리쳤다. 그는 손권에게 유비와 연합하여 조조에게 대항하자고 했지만 싸울 것인지 항복할 것인지 쌍방의 의견이 분분(紛紛)했다.

주유(周瑜)에게 격장지계(激將之計)를 펼치는 공명

노숙과 주유가 쟁론하자 제갈량은 곁에서 가만히 냉소(冷笑)만 하고 있었다. 주유가 물었다. "선생은 어찌하여 웃고만 있습니까?" 제갈량이 말했다. "조조군을 물리치는 것은 그리 어렵지 않습니다. 단지 대교(大喬·손책의 처)와 소교(小喬·주유의 처) 두 절세미인을 조조에게 보내면 조조군은 싸우지 않고도 물러날 것입니다."
제갈량의 격장지계(激獎之計: 자극적인 말이나 반어적인 말로 사람을 격하게 하는 계책)에 당한 주유가 마침내 손권에게 출병하여 조조에게 대항할 것을 권했다.

군영회(群英會)에서 계책에 걸려드는 장간(蔣幹)

조조(曹操)는 장간(蔣幹)을 강남으로 보내 주유에게 항복을 권했다. 주유는 모르는척하고 잔치를 열어 동창생 장간을 환대했다. 이 잔치를 군영회(群英會)라고 명명(命名)한 주유가 장간에게 문무 관리들을 일일이 소개했다. 주유는 취한 척하고 밤에 자신의 장막으로 장간을 청해 잠을 자게 되었다. 장간은 주유의 장막에서 채모, 장윤이 주유에게 보낸 항복서를 몰래 보았다. 조조를 살해하여 머리를 주유에게 바칠 것을 맹세하는 내용이었다. 주유 또한 잠꼬대로 장간을 속였다. 이것이 군영회에서의 반간계(反間計:이간질)이다.

뛰어난 계책으로 화살을 얻는 공명(孔明)

주유(周瑜)가 제갈량을 죽일 구실을 찾기 위해 10일 안에 화살 10만개를 만들어 오라고 했다. 노숙이 제갈량을 위해 배 20척을 마련해 주었다. 선상에는 짚단을 쌓아 두었다. 4경(四更:01시~03시)이 되자 제갈량이 노숙을 청해 같이 화살을 가지러 갔다.
20척의 배가 조조군 수채 앞에서 닻을 내리고 한 줄로 나란히 정박하여 북을 쳤다. 조조가 1만 궁노수에게 명하여 일제히 북소리가 울리는 곳으로 화살을 퍼부었다. 화살이 빗발처럼 배 위로 날아와 짚단에 꽂혔다. 그리하여 하룻밤에 조조군의 화살 10만 개를 얻어 주유에게 주었다.

조조에게 거짓 투항문서를 바치는 감택(闞澤)

황개(黃蓋)가 자신의 장막에서 상처를 치료하고 있는데 친구 감택(闞澤)이 병문안을 왔다. 황개는 주위 사람들을 물리치고 자기의 고육지계를 감택에게 실토(實吐)했다.
감동한 감택이 황개를 대신하여 항복서를 가지고 스스로 조조의 영채로 가기를 원했다. 그날 밤 어부로 분장한 감택이 조각배의 노를 저어 조조 영채가 있는 북쪽으로 갔다.

장강(長江)에서 잔치를 열어 시를 짓는 조조

하루는 조조(曹操)가 대선(大船)에 앉아 수채를 순시(巡視)했다. 쇠줄로 연결한 배를 보니 마치 평지나 다름이 없었다. 매우 기쁜 나머지 즉시 대선에 술자리를 마련했다.
문무백관이 서열에 따라 자리에 앉았다. 술기운에 조조가 강남을 가리키면서 오래지 않아 쉽게 강남을 얻을 것이라고 호언했다. 조조는 크게 웃고 나서 창을 들고 뱃머리에 섰다. 우선 가득 석 잔을 마시고 나서 즉시 시를 읊었다. 이것이 저 유명한 대주당가(對酒當歌:술을 마시면 노래가 있어야지)이다.

칠성단(七星壇)을 쌓아 바람을 부르는 제갈량

문득 바람에 날리던 깃발 자락이 주유의 얼굴을 스치고 지나갔다. 주유가 크게 한 마디 외치고 쓰러져 입으로 피를 토했다. 제갈량(諸葛亮)이 병문안을 가서 병을 낫게 하는 비방을 알려주었다. 주유는 제갈량이 써준 비방을 보고 크게 놀랐다. 또다시 제갈량을 매우 두려운 사람이라고 생각했다.
주유는 제갈량의 요구대로 남병산(南屛山)에 칠성단(七星壇)을 쌓았다. 제갈량이 머리를 풀어 산발하고, 맨발로 칠성단에 올라 동남풍이 불도록 기도했다.

화용도(華容道)의 일을 예상하는 제갈량(諸葛亮)

제갈량(諸葛亮)이 동풍을 타고 비밀리 하구(夏口)로 돌아왔다. 장막에 앉자마자 조운, 장비에게 각각 3,000군마를 주어 강 건너로 파견했다. 다른 장수들도 나누어 매복지점을 지정했으나 관우는 파견명령을 받지 못했다. 몹시 화가 난 관우가 무슨 이유인지 묻자 제갈량이 웃으며 대답했다.
"운장(雲長)은 의리가 있는 사람이오! 옛날 조조가 그대를 박하게 대우하지 않았으니 이번에 그를 만나면 제대로 손을 쓰지 못할 것이오." 관우가 즉시 군령장을 쓰니 제갈량은 그제야 어쩔 수 없다는 듯이 화용도(華容道)로 보냈다.

동오군(東吳軍)과 크게 싸우는 조인(曹仁)

조조는 조인에게 한 가지 비밀스런 계책을 주어 남군성(南郡城)을 지키게 하고 즉시 허도로 돌아갔다. 주유는 조조의 83만 대군을 낙화유수(落花流水)처럼 죽인 기세를 몰아 남군성을 공격했다. 조인은 조조가 남겨준 계책대로 성을 나가 주유(周瑜)와 교전하다 성 밖을 돌면서 달아났다.
주유가 군사를 이끌고 성안으로 돌격하다 성안에 매복해 있던 궁노수(弓弩手)가 쏜 화살에 가슴을 맞았다. 우금(牛金)이 성안에서 달려 나와 주유를 사로잡으려고 하는데, 서성(徐盛)과 정봉(丁奉)이 주유를 구했다.

노숙(魯肅)에게 지혜롭게 사양(辭讓)하는 제갈량(諸葛亮)

제갈량(諸葛亮)이 남군(南郡) 양양(襄陽) 형주(周瑜)를 점령했다는 소식을 들은 주유(周瑜)는 화가 치민 나머지 화살에 맞은 상처가 더욱 악화됐다. 유비와 제갈량이 직접 나와 영접했다. 노숙(魯肅)이 말문을 열어 형주, 양양 등 아홉 군(郡)의 반환을 요구하니 제갈량이 말했다.
 "이 땅은 유표(劉表)의 영지이고 그의 아들 유기(劉琦)가 아직 살아있습니다. 우리 주공이 숙부의 자격으로 유기를 도와 형주를 돌려준 것이니 누구도 이야기해서는 안 됩니다." 시종이 병풍 뒤에서 유기를 부축하고 나왔다.

시상구(柴桑口)에서 주유의 죽음을 조문(弔問)하는 와룡(臥龍)

주유(周瑜)가 죽었다는 소식을 들은 유비(劉備)가 급히 제갈량(諸葛亮)과 상의했다. 제갈량이 조문을 핑계로 강동(江東)으로 가서 허실(虛實)을 탐지하겠다고 했다. 제갈량과 조운이 500명 군사를 대동하고 파구(巴丘)를 거쳐 시상(柴桑)으로 갔다.

노숙(魯肅)은 제갈량이 조문하러 왔다는 것을 듣고 나와 영접했다. 주유의 부장들이 제갈량을 죽이려고 했으나 조운이 수행하고 있어서 손을 쓸 수 없었다. 제갈량이 제물(祭物)을 차리고 고인의 영전에 꿇어앉아 주유의 재능을 칭찬하고 자기의 슬픈 감정을 나타내는 제문(祭文)을 읽었다.

마맹기(馬孟起:마초)가 군사를 일으켜 원한을 씻다

조조(曹操)가 동오(東吳)와 연합하여 유비(劉備)를 상대하려고 했으나, 정서장군(征西將軍) 마등(馬騰)이 허도(許都)를 습격하는 것이 두려웠다. 그래서 계책으로 마등을 허도로 유인해 성 밖에서 살해했다. 서량(西涼)을 지키고 있던 마등의 장자 마초(馬超)는 이 소식을 듣고 통곡하다 땅에 쓰러졌다. 유비가 서신을 보내 같이 조조를 공격하자고 부추겼다. 마초는 진서장군 한수(韓遂)와 병력을 한곳에 모아 도합 20만 대군을 이끌고 기세등등하게 장안(長安)을 향해 진군했다.

알몸으로 마초(馬超)와 싸우는 허저(許褚)

대채(大寨)로 돌아온 조조는 굳게 지키기만 했다. 마초(馬超)가 싸움을 걸어 오자 조조의 대장 허저(許褚)가 화를 참지 못하고 마초와 싸우기로 결심했다. 두 사람이 연이어 200여 합을 싸웠으나 승부가 나지 않았다. 화가 난 허저가 군진으로 돌아와 투구와 갑옷은 물론 웃통마저 벗은 채 칼을 들고 나는 듯이 말을 달려 나가 마초와 다시 겨뤘다.

마초가 허저의 심장을 향해 창을 찌르자 허저는 쥐고 있던 칼을 버리고 마초의 창대를 옆구리에 꽉 끼웠다. 창대가 부러지자 두 사람은 각기 한 토막씩 쥐고 싸웠다.

도리어 양수(楊修)를 곤란하게 하는 장영년(張永年)

장송이 허도(許都)에 도착해 조조에게 통보했으나 만날 수 없었다. 주부(主簿), 양수(楊修)가 장송을 난처하게 하려는 뜻을 가지고 서원으로 청해 서로 자리를 잡았다. 조조가 지은 병법서인 맹덕신서(孟德新書)를 꺼내 장송에게 보여주었다. 장송이 맹덕신서를 한번 쭉 훑어보더니 말했.
 "이 책은 전국시대 무명씨가 지은 것입니다. 서천의 어린아이도 다 외우고 있는데 어찌하여 신서(新書)라 하십니까?" 말을 마친 장송이 처음부터 끝까지 숨도 쉬지 않고 완벽하게 다 외었다. 장송은 한번 본 것은 잊지 않는다는 과목불망(過目不忘)의 능력자였다.

황한승(黃漢升)을 풀어주는 관운장(關雲長)

관우가 황충과 싸우던 첫날 뜻밖에 황충의 말이 앞발을 헛디뎌 황충을 땅바닥에 내동댕이쳤다. 관우는 차마 황충을 벨 수 없었다. 3일째 되는 날 두 사람이 다시 싸우게 되었는데 황충이 거짓으로 진척하고 달아나자 관우가 급히 추격했다.

황충이 뒤돌아보고 관우를 향해 빈 활시위를 두 번이나 당겼다. 이제 안심하고 추격하는 관우를 향해 세 번째는 진짜 화살을 시위에 걸어 관우를 향해 쏘았다. 화살이 날아가 관우의 회영근(盔纓根: 투구를 장식하는 수술)을 맞추었다.

오국태(吳國太: 손권의 어머니)가 절에서 신랑(유비)을 선보다

유기(劉琦)가 병으로 죽자 손권은 형주를 차지하려고 신하들과 의논했다. 주유의 계책에 따라 혼사를 명분으로 삼아 유비를 동오(東吳)로 초청했다. 유비를 협박해 형주와 교환하려는 것이었는데 손권의 모친 오국태(吳國太)가 이 소식을 듣고 손권을 설득했다.

"내가 신랑 될 사람을 한번 보자. 내 마음에 들면 내 딸을 유비에게 시집보내고, 마음에 들지 않으면 네 마음대로 해라." 다음날 오국태가 감로사(甘露寺)에서 유비를 아래위로 한번 훑어보니 매우 마음에 들어 했다. 그래서 딸을 유비에게 시집보내기로 했다.

두 번이나 주공근(周公瑾:주유)의 감정을 자극하는 공명(孔明)

주유(周瑜)는 유비(劉備)가 형주(荊州)로 돌아간다는 것을 알고 수군을 거느리고 추격했다. 제갈량이 북안에서 배를 버리고 육지에 오르자 주유도 장수들을 데리고 육지로 올라가 추격했다.
그러나 관우, 장비가 가로 막자 도망하여 배로 돌아왔다. 형주 군사들이 강언덕에 서서 외쳤다. "주랑이 묘계로 천하를 안정시키려다 부인도 잃고 군사도 잃었구나!" 주유는 부끄럽고 화가 머리끝까지 치밀어 마침내 선상(船上)에 쓰러졌다.

동작대(銅雀臺)에서 크게 잔치를 여는 조조(曹操)

건안(建安) 15년, 조조가 동작대를 세우고 기공식을 했다. 조조(曹操)가 높은 곳에 기대어 앉자 문무 관리들이 축하대회를 열었다. 잔치를 열어 축하하는 자리에서 조조가 붉은 비단 전포를 버드나무 가지에 걸어놓고 군령을 전했다.

"오늘 비무(比武)대회를 연다. 누구라도 과녁의 중심을 맞추면 상으로 전포를 하사하겠다. 만약 맞추지 못하면 벌주 한 잔이다."

서신을 보내 노만(老瞞:조조)을 물리치는 손권(孫權)

조조(曹操)가 적벽대전(赤壁大戰)에서 패한 복수를 하기 위해 40만 대군을 이끌고 동오(東吳)를 공격했다. 손권(孫權)이 미리 유수구(濡須口)에 오(塢, 작은 성채)를 쌓아 대항하며 항복하지 않았다.
어느 날 조조가 장막에서 낮잠을 자다가 꿈을 꾸었다. 갑자기 붉은 해가 장강에서 떠오르며 빛이 사방으로 퍼져나갔다. 그러다가 붉은 해가 갑자기 날아올랐다가 장막 앞에 떨어졌다. 맹렬한 소리에 놀라 잠을 깨니 꿈이었다. 조조는 '상서롭지 못한 꿈이다. 즉시 북으로 회군해야겠다.'고 생각했다.

낙성(雒城) 공격에서 공을 다투는 황충(黃忠)과 위연(魏延)

유비(劉備)가 부수관을 얻고 다시 낙성으로 진군하자 유장(劉璋)이 대장 네 사람을 낙성에 파견했다. 냉포(冷苞) 등현(鄧賢)이 따로 성 밖 60리 떨어진 곳에 영채(營寨)를 세웠다. 유비가 장수들을 소집하자 황충(黃忠)이 공격하는데 선봉을 원했다. 이때 위연(魏延)도 나서 먼저 가겠다며 두 사람이 다투었다.

두 장수가 비무(比武)를 해 선봉을 결정하자고 말하자 유비가 황급히 말렸다. "두 분 장군은 고정하기 바라오. 그대 두 사람이 적의 영채 하나씩을 공격하면 됩니다. 먼저 적의 영채를 점령하는 사람이 첫 번째 공을 세우는 것이오."

방통(龐統)의 죽음에 통곡하는 제갈량(諸葛亮)

방통(龐統)이 서천(西川)으로 급히 진군하다가 낙봉파(落鳳坡)에서 적의 화살에 맞아 전사했다. 이때 형주(荊州)에서는 칠월칠석 명절날, 백관들이 밤에 잔치를 하고 있었다. 문득 서쪽 하늘에서 큰 별 하나가 떨어졌다. 이것을 본 제갈량(諸葛亮)은 크게 놀라 걱정했다.
얼마 후 유비가 서신을 보내니 비로소 방통의 전사 소식을 알게 되었다. 대성통곡(大聲痛哭)하던 제갈량은 유비가 어려움에 처했다는 것을 알고, 즉시 형주를 관우에게 맡기고 서천으로 진군했다. 먼저 장비를 출발시켜 부수관(涪水關)으로 가 유비를 돕도록 했다.

장임(張任)을 사로잡는 공명(孔明)

삼군이 집결하자 제갈량(諸葛亮)은 우선 장임(張任)을 사로잡은 후 낙성(雒城)을 공격하기로 결정했다. 제갈량이 사륜거(四輪車)에 앉아 장임을 유인했다. 장임이 제갈량의 군사를 보니 기강도 없는 오합지졸(烏合之卒)이었다. 제갈량을 사로잡을 수 있다고 생각하여 창을 들고 급하게 추격했다. 제갈량은 급히 퇴각하여 금안교(金雁橋)를 지나갔다.
추격하는 도중에 몇 번이나 복병을 만난 장임이 몸을 돌려 달아나려고 했다. 그런데 장비가 나타나 대갈일성(大喝一聲)하자 수하 군사들이 일제히 장임을 에워싸 사로잡았다.

스스로 익주(益州)의 새 주인이 되었음을 선포한 유비(劉備)

마초(馬超)가 유비에게 투항하고 나서 말했다. "군사를 쓰지 않고도 유장(劉璋)을 귀순시킬 수 있습니다." 그리하여 마초가 군사를 이끌고 성도성(成都城) 아래에 이르러 외쳤다. "나는 이미 유사군(劉使君:사군은 자사나 태수의 통칭)에게 귀순했소이다. 그대도 빨리 성문을 열고 투항하시오."
유장은 대세가 이미 기운 것을 알고 즉시 패인(牌印)과 문서를 유비에게 건넸다. 이로부터 유비가 익주목이 되었다. 비로소 위(魏) 촉(蜀) 오(吳)가 형성되고 천하가 셋(3分)으로 나뉘었다.

단도부회(單刀赴會: 칼 한 자루로 연회에 나아감) 하는 관운장

노숙이 육구(陸口)에서 잔치를 열고 관우를 초청하겠다는 계책을 올렸다. 순순히 형주를 반환하면 돌려보낼 것이고 거절하면 관우를 죽이기로 했다. 관우는 이 계책을 알고 미리 관평(關平)에게 배를 준비시켜 북안에 대기하게 하고 단지 몇 사람만 대동하고 잔치 자리로 갔다.
술기운이 반쯤 돌자 형주에 대한 말이 나왔다. 관우가 동오(東吳)의 요구를 거절하자 노숙이 죽이려고 했다. 그런데 관우가 노숙의 손목을 잡고 강가까지 간 뒤, 관평이 준비한 배에 올라 순풍에 돛을 올렸다.

소요진(逍遙津)에서 위엄을 떨치는 장료(張遼)

조조가 한중(漢中)을 평정하는 사이 손권이 빈틈을 타 합비(合淝)를 공격했다. 합비의 장료(張遼)가 소요진(逍遙津) 북쪽에 매복하여 동오군이 지나가기를 기다리고 있었다. 미리 소사교(小師橋)을 끊어 오군(吳軍)의 귀로를 차단했다. 연주포(連珠礮) 터지는 소리와 함께 장료와 이전(李典)이 군사를 이끌고 달려오자, 크게 놀란 손권이 말을 재촉하여 끊어진 소사교를 뛰어넘어 남쪽을 향해 달아났다.
이 싸움에서 무수한 오군(吳軍)이 물에 빠져 죽었다. 강남 사람들은 모두 장료를 두려워했다. '장료 온다.'라고 하면 우는 아이도 울음을 그쳤다.

잔을 던지며 조조를 희롱하는 좌자(左慈)

조조가 위왕(魏王)에 오르자 좌자(左慈)에게 잔치 자리에서 요술(妖術)을 부리게 했다. 좌자는 조조가 요구하는 대로 무엇이든지 요술을 부려 만족하게 해 주었다. 좌자가 술잔에 금을 그어 조조에게 권하며 금을 그어놓은 데까지만 술을 마시면 천 년을 살 수 있다고 했다. 조조가 의심하여 좌자에게 먼저 마시라고 했다.
좌자가 먼저 반잔을 마시고 나머지 반잔을 올렸다. 그래도 조조는 마시지 않았다. 좌자가 술잔을 공중으로 던지자 비둘기로 변하여 대전을 돌면서 날았다. 사람들이 비둘기를 보는 사이, 좌자는 이미 그 자리에서 사라졌다.

주역(周易)으로 앞날을 점치는 관로(管輅)

조조가 병이 들어 약을 썼으나 백약(百藥)이 무효였다. 허지(許芝)를 불러 주역점(周易占)을 치게 했다. 허지가 주역에 밝은 관로(管輅)를 천거하면서 말했다. "관로가 조안(趙顔)이라는 소년을 남산으로 보내 수명을 연장하도록 했습니다.
조안이 5~6리를 가자 큰 소나무 아래에 북두성(北斗星)과 남두성(南斗星) 두 신선이 바둑을 두고 있었는데 조안이 목숨을 연장해달라고 하자 북두성이 장부를 꺼내 십구(十九) 앞에 구(九) 한 글자를 더해서 구십구(九十九)로 고쳤습니다." 조조가 허지의 말을 듣고 사람을 보내 관로를 데려오게 했다.

하후덕(夏侯德)으로부터 천탕산(天蕩山)을 빼앗는 노장(老將) 황충

패하여 달아났던 장합(張郃)이 다시 조홍(曹洪)으로부터 군사를 후원받아 가맹관을 공격했다. 제갈량이 황충(黃忠)에게 엄안(嚴顏)과 함께 장합과 싸우라고 보냈다. 황충은 엄안을 천탕산(天蕩山)으로 보내 매복시키고, 자신은 교병지계(驕兵之計:적을 교만하게 만드는 계책)를 써 잃었던 영채(營寨) 세 군데를 되찾았다. 이긴 기세를 몰아 추격하여 천탕산으로 달려갔다.
이때 미리 매복해 있던 엄안의 복병이 일제히 불을 지르자 조조군은 앞뒤를 돌아볼 여유도 없이 천탕산을 포기하고 하후연(夏侯淵)이 있는 정군산(定軍山)으로 달아났다.

편하게 피로한 적을 기다리는 황충(黃忠)

법정(法正)이 정군산 서쪽 산을 보니 사방이 모두 험한 곳이었다. 황충(黃忠)에게 이 산을 점령하여 하후연(夏侯淵)의 영채를 내려다보면서 살피자고 했다. 그러자 도리어 하후연이 와서 싸움을 걸었다. 산 위에서 하후연 군사의 동정을 살피던 법정이 흰 깃발을 흔들었으나 황충은 싸우러 나가지 않았다. 오후가 되자 하후연의 군사가 피로해 말에서 내려 쉬기도 하는 등 군기가 빠지기 시작했다. 이를 본 법정이 산 위에서 붉은 깃발을 흔들자 황충이 앞장서 산을 내려가 돌격했다. 한칼에 하후연을 베고 일거(一擧)에 정군산(定軍山)을 점령했다.

야곡(斜谷)으로 퇴각하는 조아만(曹阿瞞 : 조조)

조조는 인마(人馬)를 점검하여 진군하다 뜻밖에 야곡(斜谷)에서 위연(魏延)을 만나 한바탕 싸웠다. 느닷없이 마초(馬超)가 영채를 기습한다는 보고가 들어왔다. 조조가 높은 곳에 서서 살피는데 갑자기 위연의 일표군(一彪軍)이 들이닥쳤다.
위연이 활 시위에 화살을 걸고 조조를 향해 당겼다. 화살이 공교롭게도 조조의 인중(人中)에 맞아 앞니 두 개가 젖혀졌다. 방덕(龐德)이 낙마한 조조를 구출했다. 조조의 삼군은 예기(銳氣)가 땅에 떨어져 더 이상 싸울 수 없게 되자 마침내 한중(漢中)을 포기하고 허도(許都)로 회군했다.

한중왕(漢中王)에 오르는 현덕(玄德)

한중(漢中)을 평정한 유비가 삼군에 큰 상을 내리고 스스로 한중왕(漢中王)에 올랐다. 관우, 장비, 조운, 마초, 황충은 오호(五虎)대장, 위연은 한중(漢中)태수, 제갈량은 군사(軍師)가 되어 군국대사를 다스렸다.
유비는 제갈량과 법정(法正) 등 백관들을 데리고 성도로 회군해 양초(糧草: 군량과 건초)를 쌓고 병장기를 제작하여 중원으로 진군할 준비를 했다.

자신의 관을 끌고 가며 결사항전을 다짐하는 방영명(龐令名 : 방덕)

방덕(龐德)이 마초(馬超)의 부하였고 그 형이 서촉(西蜀)에 있으니 믿을 수 없다는 우금의 말을 들은 조조가 방덕에게 선봉의 인수를 반납하라고 했다. 방덕이 맹세했다. "제가 대왕의 후은을 입었습니다. 죽기를 각오하고 싸우겠습니다." 방덕의 말을 들은 조조는 매우 기뻐했다.
집으로 돌아온 방덕은 목수를 불러 목관(木棺)을 한 개 짰다. 출정에 앞서 목관을 대청에 올려놓고 친구들을 불러 송별연을 하며 맹세했다. "관우(關羽)를 죽이면 관우가 이 관에 들어갈 것이고 관우를 죽이지 못하면 내가 이 관에 들어갈 것이오!"

뼈를 깎고 화살 독 상처를 치료받는 관운장(關雲長)

관우(關羽)가 오른팔에 화살을 맞았다는 소문을 들은 화타(華陀)가 치료하러 왔다. 당세의 신의(神醫) 화타가 마량과 바둑을 두고 있는 관우의 팔을 치료하기 시작했다. 살을 가르자 피가 흘러 대야에 가득하고 뼈를 드러내니 독이 퍼렇게 침투해 있었다.
 '빠각빠각' 독이 퍼진 관우의 뼈를 깎아내는 소리가 온 장막을 울렸다. 모두가 외면하고 손에 땀을 쥐고 있는데 당사자 관우는 의연히 술을 마시면서 바둑을 두고 있었다. 치료가 끝난 화타가 이마에 땀을 흘리면서 말했다. "진정 천신(天神)입니다!"

관운장(關雲長)이 패하여 맥성(麥城)으로 달아나다

형주(荊州)를 잃은 관우(關羽)는 겨우 300여 기의 패잔병을 이끌고 맥성(麥城)에 주둔했다. 며칠이 지났는데도 원군이 오지 않았다. 관우가 성 위에 올라 살펴본 뒤 작은 길로 서천(西川)을 향해 달아나기로 결정했다.
그날 밤 관평(關平)과 같이 남은 군사를 거느리고 맥성을 나왔다. 그러나 도중에 동오(東吳)의 복병을 만나 관우와 관평이 사로잡혔다. 손권(孫權)이 항복을 권했으나 관우가 큰 소리로 꾸짖었다. 한참 동안 입을 다물고 생각에 잠겼던 손권은 마침내 관우 부자를 참수(斬首)했다.

옥천산(玉泉山)에 관공(關公)이 현성(顯聖 : 혼령이 나타남) 하다

관우(關羽) 부자가 죽고 형주(荊州)는 동오(東吳)에 귀속되었다. 당양현(當陽縣) 옥천산(玉泉山) 산상에 한 노승이 거처하고 있었다. 법명(法名)은 보정(補正)인데 옛날 사수관(汜水關) 앞의 진국사(鎭國寺)에서 관공(關公, 관우)을 도왔던 사람이다.

달 밝은 밤 정좌하여 한창 심신을 닦고 있었다. 불현듯 구름을 타고 관우 부자와 주창의 영혼이 나타나더니, 보정대사 앞에 내려와서 크게 외쳤다. "내 머리를 돌려주시오! 내 머리를 돌려주시오!"

풍질(風疾)을 치료하던 신의(神醫) 화타(華佗)가 죽다

조조(曹操)는 평생 앓던 두통이 재발해 당세의 신의(神醫) 화타(華佗)를 당장 위왕궁(魏王宮)으로 불렀다. 진맥을 하고 난 화타가 두개골 안에 병의 근원이 있다고 설명했다. 수술을 하려면 먼저 마취시키는 약물을 마시고, 도끼로 두개골을 갈라 병의 근원이 되는 덩어리를 꺼내야 비로소 두통이 낫는다고 설명했다.

이 말을 들은 조조는 화타가 자신을 해치려한다고 의심하여 화를 냈다. 좌우에게 명하여 화타를 감금하고 고문했다. 백관들이 말렸으나 듣지 않았다. 나이 많은 화타는 모진 고문을 견디지 못해 몸이 쇠약해져 옥중에서 죽었다.

조비(曹丕)가 핍박하니 아우 조식(曹植)이 시를 짓다

조비가 조식을 불러 7보를 걷기 전에 시 한 수를 지으라고 했다. '형제'를 시제(詩題)로 하되 형제 두 글자는 시어(詩語)로 사용하지 못하게 했다. 조식은 입을 열어 바로 시를 읊었다. (자두 연두기(煮豆 燃豆萁) 콩 삶는데 콩대를 때니/ 두재 부중읍(豆在 釜中泣) 콩은 가마 속에서 운다/ 본시 동근생(本是 同根生) 본래 같은 뿌리에서 태어났거늘/ 상전 하태급(相煎 何太急) 어찌 이리 삶기를 재촉하는가) 조비가 듣고 매우 감동했다. 조식을 폄하하여 안향후(安陽侯)로 삼아 당장 도읍에서 떠나라고 했다.

한중왕(漢中王) 유비가 제위에 올라 대통(大統)을 잇다

헌제(獻帝)가 폐위되자 한나라에는 주인이 없었다. 유비(劉備)는 한나라 황실의 후예이니 제위를 계승하는 것이 이치상 당연했다. 그래서 제갈량(諸葛亮)과 허정(許靖) 및 문무 관리들이 유비에게 제위를 계승하라고 청했다. 그리하여 제갈량이 옥새를 바치자 유비가 이를 받아 제위에 올랐다. 장자 유선(劉禪)을 태자로 세우고 제갈량은 승상으로 삼은 뒤, 천하에 사면령(赦免令)을 내렸다.

성급하게 형의 원수를 갚으려다
수난을 당한 장비(張飛)

장비(張飛)가 낭중에서 돌아와 땅에 엎드려 통곡하며 어찌하여 관우의 원수를 갚지 않느냐며 유비를 원망했다. 유비는 군사를 일으키기로 결심했다. 장비가 낭중으로 돌아와 범강(范彊), 장달(張達)에게 3일내 흰 갑옷, 흰 깃발을 준비하라고 명령했다.

두 사람이 기한을 늘려달라고 하다 채찍으로 얻어맞는 형벌을 당해 등살이 터지고 입으로는 피를 토했다. 두 사람은 장비를 죽이지 않고는 도저히 해결할 방법이 없다고 생각했다. 결국 장비가 술에 취해 자는 틈을 타 목을 베어 머리를 가지고 동오(東吳)에 투항했다.

위(魏)에 항복하여 구석(九錫, 아홉 가지 물건)을 받는 손권(孫權)

손권이 제갈근(諸葛瑾)을 보내 화해를 구했다. 유비(劉備)는 승상의 얼굴을 보아 화를 참고 제갈근을 죽이지 않았다. 제갈근이 돌아가 보고하니 손권은 대경실색(大驚失色)했다. 동오(東吳)의 중대부(中大夫) 조자(趙咨)가 계책을 올렸다. 잠시 조비(曹丕)에게는 신하라며 낮추고 조비를 설득하여 한중(漢中)으로 군사를 파견하게 하라는 것이었다. 그러면 돌아가는 길이 차단된 유비는 부득이 퇴각하지 않을 수 없다고 판단했다. 크게 기뻐한 손권은 조자를 사자로 삼아 당장 허도(許都)로 보냈다.

호정(猇亭)의 싸움에서 선주(先主)가 원수를 갚다

반장(潘璋)이 관우가 생전에 사용하던 청룡언월도(靑龍偃月刀)를 들고 나와 황충(黃忠)과 싸웠다. 반장이 대패하자 관흥(關興)과 장포(張苞)가 나와 기습했다. 관흥은 오로지 반장만 추격하는데 갑자기 반장의 모습이 보이지 않았다.
밤이 늦어 어느 노인의 집에서 하룻밤을 보내게 되었다. 그런데 공교롭게도 반장이 그 집으로 찾아왔다가 관흥을 보고 몸을 돌려 피하려고 했다. 관흥이 재빨리 칼로 내리쳐 땅에 쓰러뜨리고 선친이 생전에 쓰던 청룡언월도를 되찾았다.

팔진도(八陣圖)를 펼치는 공명(孔明)

육손(陸遜)이 유비(劉備)를 추격하여 어복포(魚腹浦) 물가에 이르렀다. 그런데 이곳에서 유난히 살기가 피어올랐다. 매복한 군사가 있다고 판단하여 사람을 시켜 수색했지만 하나같이 사람 하나 보이지 않는다고 했다. 육손이 직접 가서 보니 돌무더기만 수십 개가 있었다.
현지인이 제갈량이 머물면서 군사를 훈련하다가 간 곳이라고 했다. 대수롭지 않게 여기고 돌무더기 속으로 들어간 육손이 팔진도(八陣圖)에 빠진 것이다. 육손을 구출한 사람은 제갈량의 장인 황승언(黃承彦)이었다. 제갈량의 능력을 알게 된 육손은 추격을 멈추고 물러났다.

위(魏)의 오로군(五路軍)을 평정하는 제갈량

위군(魏軍)이 침입한다는 소식을 접한 제갈량(諸葛亮)은 집안에 틀어박혀 문을 닫고 사람을 만나지 않았다. 급하게 된 천자 유선(劉禪)이 직접 승상부를 방문하니 제갈량이 연못가에서 관어(觀魚: 고기 노는 것을 관찰함)하고 있었다.

유선이 행차한 것을 본 제갈량이 땅바닥에 엎드려 절하고 말했다. "오로군(五路軍)이 국경을 침범했으나 신이 이미 사로군(四路軍)을 보내 막았습니다. 단지 손권의 일로군(一路軍)만 남았는데 세객(說客)을 보내 설득해야 합니다."

진복(秦宓)이 천(天)을 주제로
장온(張溫)을 곤란하게 하다

세객(說客) 등지(鄧芝)가 손권(孫權)을 만나 천하의 형세를 분석하는데 모두가 이치에 맞는 말이었다. 손권이 등지의 말에 탄복했다. 등지가 방문한 답례로 즉시 장온(張溫)을 서촉(西蜀)으로 보냈다. 등지가 장온과 동행하여 서천(西川)에 들어오자 제갈량(諸葛亮)이 잔치를 열어 장온을 환대했다.
장온이 득의양양(得意揚揚)하고 방약무인(傍若無人)하니 촉국(蜀國)의 명사 진복(秦宓)이 그와 논쟁을 시작했다. 진복이 애를 먹이려고 작정하여 어려운 것을 묻자 장온이 대답하지 못하고 쩔쩔매기만 했다.

남만(南蠻) 정벌을 위해 군사를 일으키는 승상(丞相)

촉(蜀)의 남쪽이 남만(南蠻)이고 추장은 맹획(孟獲)인데 여러 번 촉의 국경을 침범했다. 제갈량(諸葛亮)은 맹획을 항복시켜야 비로소 중원으로 진출할 수 있다고 생각했다. 그리하여 남만을 정벌하려고 나서자 간의대부(諫議大夫) 왕련(王連)이 말렸다.

"국경을 침범한 맹획을 물리치려면 대장 한 사람을 보내 정벌하십시오."
제갈량이 대답했다. "남방으로 가는 길이 멀기는 하지만 오로지 내가 직접 가서 기회를 보면서 대응해야 하오. 맹획을 복종시켜야 북쪽 중원으로 진출할 때 뒤를 돌아보는 근심이 없어질 것이오."

노수(瀘水)를 건너 두 번째 변왕(番王)을 사로잡다

노수(瀘水) 강가로 달아난 맹획(孟獲)이 부하를 만나 다시 군마를 정돈하여 제갈량과 싸우기로 결정했다. 제갈량(諸葛亮)의 명으로 밤중에 노수를 건넌 마대(馬岱)가 맹획의 군량을 중도에서 가로챘다. 동도나(董茶那) 원수(元帥)가 마대와 싸우다가 달아나 영채로 돌아가자, 맹획이 그를 심하게 매질했다. 동도나는 제갈량으로부터 풀려난 추장(酋長)들과 의논했다. 그리하여 술에 취해 자고 있는 맹획을 묶어 제갈량에게 압송(押送)했다. 사로잡혀온 맹획이 이번에도 복종하지 않자 제갈량이 두 번째 놓아주었다.

네 번째 계책을 쓰는 무향후(武鄕侯:공명)

맹획의 대군이 달려왔으나 제갈량은 영채(營寨)의 문을 닫고 나가서 싸우지 않았다. 며칠 지나 촉군(蜀軍)은 다시 대나무 다리를 건너 북쪽으로 퇴각했다. 대나무 다리를 분리, 물길을 따라 하류로 흘려보내고 나니 맹획이 강변에 도착했다.
이미 다리는 끊어졌는데 건너편에는 깃발만 펄럭이고 있었다. 맹획이 부하들에게 대나무를 베어 다시 다리를 세우라고 명령했다. 날이 어두워지자 배후에서 함성이 울려 퍼지면서 촉군이 돌격했다. 제갈량이 사륜거(四輪車)에 앉아 크게 웃으며 말했다. "맹획은 항복하라."

올돌골의 등갑군(藤甲軍)을 불태우고 맹획을 일곱 번째 사로잡다

여섯 번째 놓여난 맹획(孟獲)이 오과국(烏戈國) 올돌골(兀突骨)에게 원군을 요청했다. 그들은 기름에 튀겨서 만든 등나무로 된 갑옷 즉 등갑(藤甲)을 입은 무시무시한 종족 이었다.

위연(魏延)이 이들을 유인하자 올돌골은 3만 등갑군에게 추격을 명했다. 제갈량은 기름에 먹인 등갑(藤甲)에 착안하여 반사곡(盤蛇谷)에 불로 공격해 불길이 등갑군을 전멸시키자 맹획이 일곱 번째 사로잡혔다. 제갈량이 또 가라고 놓아주자 이번에는 맹획이 감동하여 항복했다. 다시는 국경을 침범하지 않을 것이며 영원히 우호관계를 유지할 것이라고 맹세했다.

노수(瀘水)에 제사 지내고 한장(漢將:공명)이 회군하다

며칠을 쉰 제갈량(諸葛亮)은 노수(瀘水)에서 이번에 전몰한 장병과 남만인(南蠻人)들을 위해 제사를 지내고 성도(成都)로 회군했다.
맹획(孟獲)이 종족을 대동하여 촉(蜀)의 대군이 노수를 건너 멀리 사라지는 것을 지켜보며 송별했다. 이로부터 촉한이 존속한 날까지 다시는 남만과 싸우는 일이 없었다.

다섯 장수를 베는 조자룡(趙子龍)

평북대도독(平北大都督)이 된 제갈량이 노장 황충(黃忠)과 등지(鄧芝)를 선봉으로 삼고 친히 대군을 이끌고 한중(漢中)을 향해 진군했다. 봉명산(鳳鳴山)에서 촉군(蜀軍)과 위군(魏軍)이 서로 만났다. 조운(趙雲)이 앞장서 말에 올라 한덕(韓德)과 그의 아들 다섯 형제에게 싸움을 걸었다.
노장은 옛날의 기세를 잃지 않고 싸우면 싸울수록 용맹해졌다. 먼저 한덕의 아들 다섯 형제를 벤 후 위군을 격파했다.

공명(孔明)에게 귀순(歸順)하는 강백약(姜伯約 : 강유)

천수(天水)를 공격하는 도중에 조운(趙雲)이 위(魏)의 젊은 장수 강유(姜維)를 만났다. 제갈량(諸葛亮)은 강유의 무예가 고강한 것을 보고 차마 그를 해칠 수 없었다. 그래서 병마를 파견하고 적의 첩자를 이용, 적을 제압하는 반간계(反間計)를 써 강유의 갈 곳을 없앴다.
문득 작은 수레 한 대가 산언덕을 돌아 나오는데 수레에는 제갈량이 타고 있었다. 강유는 사방이 포위되었고 또한 자신을 받아줄 곳도 없었다. 마침내 제갈량이 권하자 말에서 내려 투항했다.

설원(雪原)에서 강병(羌兵: 강족 병사)을 격파하는 제갈량(諸葛亮)

제갈량(諸葛亮)이 몇 차례 진격하여 공격하자 위군(魏軍)은 대패했다. 조진(曹眞)이 예물을 서강(西羌)에 보내 촉군(蜀軍)을 기습하라고 부추겼다. 제갈량은 대설(大雪)을 이용해 함정을 파 강병을 격파했다. 서강(西羌) 포로를 전부 돌려보내고 우호관계를 맺으니 강인(羌人)들은 감격하여 다시는 위군을 도우지 않았다.

마속(馬謖)이 충고를 듣지 않아 가정(街亭)을 잃다

사마의(司馬懿)가 기산(祁山)으로 진군하자 제갈량(諸葛亮)이 놀라 말했다. "사마의가 출병하면 반드시 가정(街亭)을 빼앗으려고 할 것이다. 누가 가서 막겠는가?" 마속(馬謖)이 가겠다고 자청했다. 제갈량은 왕평(王平)을 같이 보내 마속을 도와 가정을 지키라고 했다.

마속은 길목에서 위군(魏軍)을 막아야한다는 왕평의 조언을 듣지 않고 산 위에 영채(營寨)를 세웠다. 위군이 산과 들을 가득 채우면서 밀려와 마속을 포위했다. 산 위에서 마실 물이 떨어진 마속의 군사들은 더 이상 버틸 수 없었다. 마속이 길을 찾아 달아나니 가정을 잃었다.

공명(孔明)이 읍참마속(泣斬馬謖)하다

제갈량(諸葛亮)이 성루에서 내려와 서둘러 한중(漢中)으로 퇴각했다. 장막에 앉아 마속(馬謖)을 불러 크게 나무랐다. "너는 병서를 잘못 읽었고 조언을 듣지도 않았다.
대사를 망쳤으니 군법을 피하기 어렵다. 만약 너를 법대로 처리하지 않으면 내가 무엇으로 사람들을 복종시키겠느냐?" 무사를 꾸짖어 끌어내 참수하라고 했다. 무사가 마속의 잘린 머리를 올려 보여주자 제갈량이 대성통곡(大聲痛哭)했다.

거짓 서신을 보내
위군(魏軍)을 격파하는 강유(姜維)

제갈량(諸葛亮)이 군사를 거느리고 진창(陳倉) 길목에 이르니 위(魏)의 장수 학소(郝昭)가 성(城)을 쌓아놓고 길을 막았다. 촉군(蜀軍)은 진창성 때문에 더 진군할 수 없었다. 강유(姜維)는 거짓으로 항복한다는 서신을 조진(曹眞)에게 보내어 위군(魏軍)이 그 계책에 걸려들었다.
조진은 대장 비요(費耀)를 파견했다. 비요가 하룻밤 하루 낮 동안 달려 산골짜기로 들어가니 한 대의 군마가 길을 막았다. 앞장선 대장은 강유(姜維)였다. 비요는 위기를 벗어날 수 없다는 것을 알고 칼을 뽑아 스스로 목을 베었다.

촉군(蜀軍)을 추격하던 왕쌍(王雙)이 죽살되다

위연(魏延)이 진창(陳倉) 길목을 지키면서 왕쌍(王雙)과 대치하고 있었다. 제갈량(諸葛亮)이 계책을 전하자 그날 밤 영채(營寨)를 거둬 철수했다. 급히 한중(漢中)으로 돌아오는데 왕쌍이 소식을 듣고 군사를 이끌고 추격했다. 이 틈을 타 숨어있던 촉군(蜀軍)이 왕쌍의 대채(大寨)로 잠입하여 불을 질렀다. 화광이 충천하자 왕쌍은 대채가 걱정되어 황급히 퇴각했다. 그런데 갑자기 위연이 길을 가로막고 나타나 공격하자 왕쌍은 미처 손을 쓰지 못하고 베어져 낙마했다.

서촉(西蜀)을 침범하는 사마의(司馬懿)

이번 출전에서 사마의는 제갈량과 연이어 교전했다. 그러나 제갈량의 지모가 자신보다 높다는 것을 알았다. 제갈량의 지혜에 매우 탄복한 사마의가 탄식을 금하지 못하고 말했다. "제갈량(諸葛亮)에게는 신출귀몰한 계책이 있다. 나는 그를 당할 수 없다."
제갈량이 몸에 병이 들어 퇴각했으나 사정을 모르는 사마의는 5일을 더 기다렸다. 제갈량이 한중(漢中)으로 회군한 뒤에야 즉시 장수들을 요충지로 파견하고 자신은 일군을 이끌고 낙양(洛陽)으로 회군했다.

영채를 기습, 조진(曹眞)을 격파하는 촉군(蜀軍)

위주(魏主)는 조진을 대사마(大司馬) 정서대도독(征西大都督), 사마의(司馬懿)를 대장군 정서부도독(征西副都督), 유엽(劉曄)을 군사(軍師)로 삼아 40만 대군을 일으켜 촉(蜀)을 정벌하도록 했다. 제갈량(諸葛亮)이 5,000명 정예병을 위군(魏軍)으로 분장시키고 네 장수에게 주어 조진의 대채(大寨)로 쳐들어가게 했다.

미처 손 쓸 사이도 없이 조진의 군사들은 궤멸되었다. 조진도 병이 들어 일어나지 못했다. 제갈량이 서신 한통을 써서 조진에게 보냈다. 서신을 읽고 난 뒤 울화가 치밀어 오른 조진이 크게 한소리 외치고 혼절했다가 그날 밤 죽었다.

제갈량(諸葛亮)이 농상(隴上)에 출전, 귀신으로 분장하다

제갈량(諸葛亮)은 위군(魏軍)이 대비하고 있지 않은 틈을 타 조용히 밀을 베어 군량을 보충하기로 했다. 제갈량은 사륜거 3대를 미리 준비했다. 세 사람이 제갈량 모습으로 분장하고, 1,000명이 1대의 사륜거를 호송했다. 4대의 사륜거가 적당한 간격을 두고 사마의(司馬懿)의 영채로 이동했다.
위군(魏軍)의 장수들은 귀신으로 분장한 군사와 수레 4대가 앞뒤 사방에서 나타나는 것을 보았다. 모두가 간담이 서늘해져 문을 닫고 나오지 않았다. 그리하여 3만 촉군(蜀軍)은 농상의 밀을 깨끗이 수확했다.

사마의가 북원(北原)과 위교(渭橋)에서 싸우다

제갈량(諸葛亮)은 유비(劉備)의 부탁을 잊지 않고 중원을 회복하려고 다시 기산(祁山)으로 나왔다. 34만 대군을 오로군(五路軍)으로 나누어 진군했다. 북원(北原) 위교(渭橋)의 싸움에서는 제갈량이 패하여 병력 1만 명을 잃었다. 위군 편장(偏將), 정문(鄭文)이 갑자기 항복해왔다. 정문이 거짓 항복했다는 것을 제갈량이 간파하고 즉시 말을 잘하는 군사에게 정문의 서신을 주어 사마의(司馬懿)에게 보냈다. 과연 사마의가 계책에 걸려 들어 대패하고 돌아갔다.

상방곡(上方谷)에서 사마의(司馬懿)가 곤란을 겪다

사마의(司馬懿)는 제갈량(諸葛亮)이 상방곡(上方谷)에 주둔하면서 군량을 쌓고 있다는 소식을 들었다. 즉시 군사를 이끌고 상방곡으로 진군했다. 상방곡에 도착하자 추격당하던 위연(魏延)은 간 곳이 없고 언덕 위의 촉군(蜀軍)이 일제히 화전(火箭)을 발사했다.

화전이 닿는 곳마다 화염이 충천하고 사방이 불길에 휩싸였다. 사마의(司馬懿) 삼부자가 어찌할 바를 모르고 있는데 뜻밖에 하늘에서 구름이 모여 들더니 소나기가 쏟아졌다. 빗줄기에 불길이 잡혔다. 덕분에 사마의 부자는 상방곡을 탈출하여 도망칠 수 있었다.

큰 별이 지고, 한승상(漢丞相) 귀천(歸天)하다

이날 밤, 제갈량(諸葛亮)이 사람들의 부축을 받아 장막을 나갔다. 북두성(北斗星)을 쳐다보다 별 하나를 지적하면서 말했다. "저것이 내 장성(將星)이다." 사람들이 바라보니 장성(將星)의 빛이 어둡고 흔들리면서 떨어지려고 했다. 제갈량이 칼로 장성을 가리키며 입속으로 주문을 외었다. 제갈량은 몸에 한기가 들어 장막에 돌아왔다. 그러나 이미 인사불성(人事不省)이었다.

무후(공명)가 미리 금낭계(錦囊計)를 내리다

위연(魏延)이 양의의 군령에 불복하고 제갈량(諸葛亮)이 없는 틈을 타 반란을 일으켰다. 양의가 비밀리에 제갈량이 비단 주머니에 남겨준 계책대로 "나를 대적할 자 그 누구냐?"라고 세 번 외치면 내가 한중성(漢中城)을 너에게 바치겠다."고 하자 위연이 웃으며 칼을 들고 마상에서 크게 소리쳤다. "나를 당할 자 그 누구냐!"를 세 번 외치자 뒤에서 한 사람이 사나운 소리로 대답했다. "내가 감히 너를 죽이겠다!" 칼이 한번 번쩍하자 위연의 목이 베여져 낙마했다. 마대(馬岱)가 제갈량의 밀계를 받고 위연이 고함치기를 기다렸다가 그를 베었다.

꾀병으로 조상(曹爽)을 속이는 사마의(司馬懿)

대장군 조상(曹爽)이 계책을 세워 사마의의 병권을 빼앗자 사마의는 집에서 시간을 보내고 있었다. 조상이 날마다 술을 마시며 즐겼으나 사마의를 경계했다. 이승(李勝)이 사마의(司馬懿)에게 인사차 가면서 동정을 살폈다.
사마의가 병세가 매우 심한 것처럼 꾀병을 부리자 이승이 조상에게 사마의는 폐인이 다 됐다고 보고했다. 그리하여 조상은 사마의를 경계하지 않았다. 며칠 후 조상은 위주(魏主) 조방과 같이 고평릉(高平陵)에 제사를 지내기 위해 성문을 나섰다. 조상은 제사 후 사냥할 생각으로 마음이 들떠 있었다.

조씨(曹氏) 정권이 사마씨(司馬氏)에게 돌아가다

사마의(司馬懿)는 때가 무르익은 것을 보고 먼저 조상 형제의 병영(兵營)을 점거했다. 이후 곽태후(郭太后)를 만나 조상의 죄를 묻자고 청했다. 곽태후는 그저 시키는 대로 조상의 병권과 관직을 박탈한다는 조서를 썼다.
마침내 조상의 삼족을 멸하고 사마의가 승상이 되었다. 아들 사마사(司馬師)와 사마소(司馬昭)도 관직을 받아 국정을 장악했다.

술자리에서 밀계를 시행하는 손준(孫峻)

동오(東吳)의 제갈각(諸葛恪)이 꾀병을 부리고 집에 있었으나 천자가 제갈각을 불렀다. 제갈각은 손준(孫峻) 등윤(滕胤)과 같이 들어가 오주(吳主) 손량(孫亮)을 만났다. 한차례 이야기를 하고 난 뒤 손량은 먼저 자리에서 일어났다.
손준이 예리한 칼을 들고 제갈각을 향해 외쳤다. "역적을 주살하라는 천자의 조서가 여기 있다." 이 비극은 제갈각의 총명이 너무 지나쳐서 부른 참사(慘事)이다.

사마(司馬)씨가 한장(漢將: 강유)의 뛰어난 계책에 곤경을 당하다

강유(姜維)가 유선(劉禪)에게 상주하여 재차 군사를 일으켜 북쪽 중원(中原)을 정벌하기로 결정했다. 위(魏)나라에서 항복해 촉(蜀)의 장수가 된 하후패(夏侯覇)와 진군을 상의했다. 위군(魏軍)이 타군의 군량을 차단하는 계책을 잘 쓰니 이 계책을 역이용하여 위군을 유인하면 승리할 수 있다는 것이었다. 이 계책으로 위군 선봉 서질(徐質)을 유인하여 제거했다. 다시 위군의 옷으로 갈아입고 위군 영채로 쳐들어가 사마소(司馬昭)를 크게 격파했다.

단기(單騎)로 웅병(雄兵)을 물리치는 문앙(文鴦)

진동장군(鎭東將軍) 관구검(毌丘儉)이 양주자사(楊洲刺史) 문흠(文欽)과 연합해 회남에서 기병하여 조방(曹芳)을 폐위한 죄를 물었다. 이에 사마사(司馬師)는 군사를 이끌고 동쪽으로 진군했다. 연주자사(兗州刺史) 등애(鄧艾)에게 알려 악가성(樂嘉城)에서 만나기로 했다.

문흠의 아들 문앙(文鴦)이 사마사의 대채로 쳐들어가니 이미 날이 어두웠다. 등애(鄧艾)의 군사가 오자 문앙이 창을 들고 싸워 한 줄기 혈로를 열어 남쪽을 향해 달아났다. 악가교(樂嘉橋)에 도착한 뒤 말머리를 돌려 다시 위군(魏軍)속으로 돌진했다.

충의(忠義)로써 사마소(司馬昭)를 치는 제갈탄(諸葛誕)

위국(魏國)의 진동장군(鎭東將軍) 제갈탄(諸葛誕)은 사마소에게 복종하지 않았다. 오히려 제갈탄은 동오(東吳)와 연합하여 군사를 일으켜 사마소를 치러갔다. 사마소는 비밀리 양주(楊州)자사 악림(樂綝)에게 군사를 동원하라고 지시하고 다시 사자를 제갈탄에게 보내 병권을 내려놓고 낙양에 들어와 조정의 관직을 받으라고 했다.

제갈탄은 자신의 의도를 사마소가 눈치 챘다는 것을 알고 불복했다. 제갈탄이 군사를 이끌고 양주로 달려가 성안에 불을 지른 뒤 자신이 직접 칼을 들고 악림의 집으로 갔다. 누각 위로 올라가 악림을 죽였다.

수춘(壽春)을 구원하려다
우전(于詮)이 절개를 지키며 죽다

동오(東吳)의 주이(朱異)는 대군을 거느리고 위군(魏軍) 영채를 공격할 준비를 하고 전단(全端)과 전역(全懌)은 우전(于詮)을 데리고 수춘성 안으로 들어가 안팎에서 협공하기로 했으나 사마소에게 간파당하여 주이가 대패했다. 참패한 책임을 물어 손림(孫綝)이 주이를 참수(斬首)하자 동오군은 사기가 급격히 떨어져 위군(魏軍)에 항복하는 자가 속출했다.
성안으로 들어간 전단과 전역마저 성문을 열고 나와 위군(魏軍)에게 항복했다. 위군이 성안으로 들어가 제갈탄을 죽였다. 우전에게 항복할 것을 권했으나 거절하고 스스로 목을 베어 죽었다.

계책으로 손림(孫綝)을 베는 정봉(丁奉)

동오(東吳)의 대장군(大將軍) 손림(孫綝)이 오주 손량(孫亮)을 폐위하고 손권의 여섯 번째 아들 손휴(孫休)를 군주로 세웠다. 손휴는 손림이 두려워 모사 장포(張布)와 계책을 논의했다. 장포가 노장(老將) 정봉(丁奉)을 추천해 나라를 위해 역적을 제거하려고 했다.
정봉이 올린 계책대로 장포가 내응하여 잔치 자리에서 손림을 사로잡았다. 그리하여 손림을 참수(斬首)하고 그 삼족을 멸했다. 손림에게 피해를 당해 죽은 사람들의 무덤을 다시 만들어 그 충성을 표창했다. 정봉 등은 큰 상을 받고 승진했다.

조모(曹髦)가 수레를 몰고 가다가 남궐(南闕)에서 죽다

사마소(司馬昭)가 위주 조모(曹髦)를 핍박하여 진공(晉公)이 되었다. 조모는 매우 화가 났으나 어찌할 도리가 없었다. 마침내 병력을 일으켜 사마소를 정벌하기로 결정했다. 자신을 지키는 어림군(御林軍)과 시종 등 300여 명을 이끌고 허리에 보검을 찬 후 수레를 타고 궁문을 나섰다.
그러나 미리 대기하던 수천 명 철갑기병이 길을 막았다. 혼란한 중에 조모는 성제(成濟)의 창에 가슴이 찔려 마침내 수레에서 떨어져 죽었다.

후주(後主)가 모함을 믿고 회군령(回軍令)을 내리다

등애(鄧艾)가 당균(黨均)에게 금과 은을 주어 성도(成都)로 잠입시켰다. 당균이 내시(內侍) 황호(黃皓)를 매수해 후주(後主) 유선(劉禪)과 강유(姜維)를 이간했다. 후주가 조서를 내려 강유에게 조정으로 돌아오라고 불렀다.
어쩔 수 없이 강유는 한중(漢中)으로 회군했다. 강유는 성도(成都)에 돌아와서야 자신의 소환은 후주가 아첨하는 황호의 말을 들었기 때문이라는 것을 알았다. 강유가 후주를 알현하고 말했다. "황호를 죽이지 않으면 화가 닥칠 것입니다." 후주가 말했다. "그래봤자 그는 내시인데 무엇을 한단 말이오? 황호를 용서하시지요."

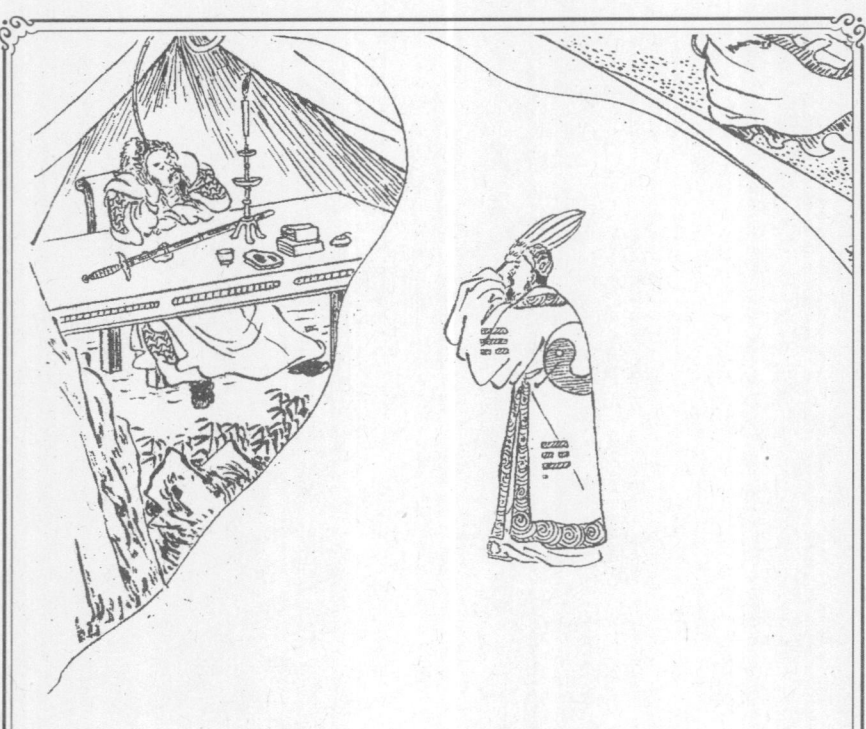

무후(武侯)가 정군산(定軍山)에서 현성(顯聖)하다

종회(鍾會)가 양평관(陽平關)을 얻고 성안에서 쉬고 있는데 서남방에서 함성이 크게 일어났다. 사람을 보내 알아보았으나 사람은 보이지 않는다고 했다.
직접 살피려고 정군산(定軍山)으로 가니, 광풍이 몰아치면서 천군만마가 달려오는 것 같은 소리가 들렸다. 종회가 놀라 물었다. "이곳에 누구의 사당이 있느냐?" 촉(蜀)에서 항복한 군사가 대답했다. "없습니다. 단지 제갈무후(諸葛武侯, 제갈량의 시호)의 묘가 있을 따름입니다."

면죽(綿竹)에서 전사(戰死)하는 제갈첨(諸葛瞻)

등애(鄧艾)가 군사를 이끌고 면죽(綿竹)을 공격하러 가니, 앞에서 사륜거 1대가 나타났다. 제갈량이 사륜거에 앉아 있는 것을 보고 위군(魏軍)은 모두 겁을 먹고 퇴각했다. 이는 제갈량의 아들 제갈첨(諸葛瞻)이 제갈량의 조각상을 사륜거에 실은 뒤 밀고 온 것이었다.
양군이 대치하고 등애가 투항을 권했으나 제갈첨이 군사를 지휘하여 돌격했다. 위군이 사방을 에워싸고 화살을 쏘았다. 화살에 맞아 부상을 당한 제갈첨은 칼을 뽑아 스스로 목을 베었다.

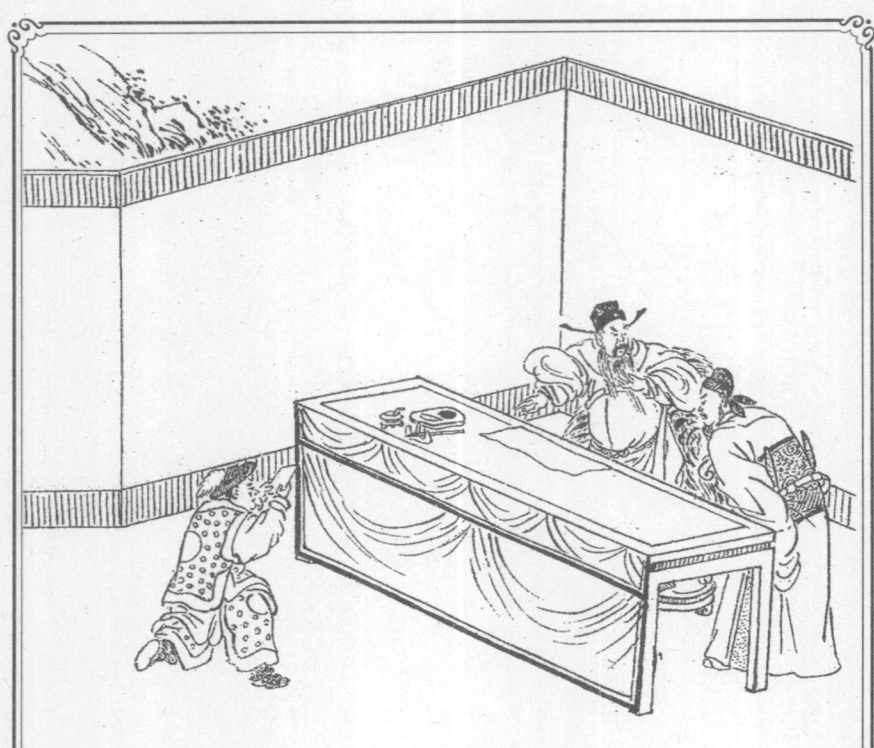

서로 공(功)을 다투는 종회(鍾會)와 등애(鄧艾)

강유(姜維)는 이미 유선(劉禪)이 항복했다는 소식을 듣고 거짓으로 종회(鍾會)에게 항복했다. 두 사람은 의기투합(意氣投合)하여 형제 결의를 했다. 등애(鄧艾)가 이 소식을 듣고 탐탁하게 여기지 않았다.
등애는 당장 서신을 써 서촉(西蜀)을 점령했다고 낙양(洛陽)에 있는 사마소(司馬昭)에게 보고했다. 사마소는 서촉을 점령한 공으로 등애를 태위(太尉), 종회를 사도(司徒)로 삼았다. 종회가 서신을 써 등애를 비난하자 사마소가 종회를 시켜 등애를 수습하라고 했다.

거짓 투항한 강유(姜維)의
교묘한 계책도 무위로 끝나다

종회(鍾會)와 강유(姜維)가 즉시 군사를 일으켜 사마소(司馬昭)에게 대항하기로 상의했다. 정월 대보름, 종회가 성도의 궁전에서 잔치를 열고 위군(魏軍) 장수들을 초청했다. 이 자리에서 종회(鍾會)가 태후의 조서를 받았다고 주장하며 군사를 일으켜 사마소를 치겠다고 했다. 반대하는 장수들을 죽이려고 했으나 사전에 일이 탄로 났다.
위관(衛瓘)이 대군을 이끌고 와 감금된 장수들을 구하고 종회를 죽였다. 강유가 용기를 내어 저항했으나 중과부적(衆寡不敵)이라 위군(魏軍)을 감당할 수 없었다. 마침내 몸에 상처를 입자 스스로 목을 베었다.

두예(杜預)를 천거하며 새로운 계책을 올리는 양호(羊祜)

오주(吳主) 손호(孫皓)는 거칠고 난폭한 사람이었다. 매일 궁중에서 술을 마시고 즐기면서 국사를 돌보지 않았다. 동오(東吳)를 멸망시키려고 생각한 사마염(司馬炎)이 두예(杜預)를 진남대장군으로 삼았다. 두예는 형주 각처의 군마를 감독하여 정벌할 준비를 했다.

서기 279년 두예가 군사 20여 만 명을 거느리고 여러 길로 나눠 강릉(江陵), 무창(武昌), 하구(夏口)를 공격했다. 파죽지세(破竹之勢)로 석두성(石頭城)까지 진격했다.

□ 맺는 글

거대한 문학 산맥, 압축해 읽기

인터넷과 스마트폰이 등장하면서 독서량이 현저히 줄어들고 있다. '책을 읽는 민족은 흥한다'는 말이 있지만 지하철이나 비행기, 열차, 버스 안에서 책을 읽는 사람을 찾아보기 어려워 졌다.

'넛지 삼국지'는 바쁜 현대인들에게 가볍게 읽으면서 삼국지의 스토리를 알 수 있도록 하기 위해 만들어졌다. 삼국지 열권을 읽은 사람도, 읽지 않은 사람도 유익할 것이다. 하나의 거대한 문학 산맥인 삼국지를 슬며시 들여다보고, 되새김질하는 계기가 되길 염원하는 뜻을 담았다.

삼국지는 시대를 초월해 지혜의 보고이고, 끊임없이 인용되며, 회자된다는 점에서 '넛지 삼국지'는 좋은 친구가 될 수 있을 것이다. 때로는 가볍게 보고 가볍게 생각하는 것이 좋을 때도 있다. 이 책은 부담이 없으면서 영웅들의 이야기와 당시의 생생한 현장을 볼 수 있다는 점에서 새로운 시도이자, 탐구이며 신선한 도전이 될 것이다.

이학박사 **강 병 국**